マラソンのエネルギーマネジメント

少ない糖をうまく使うために

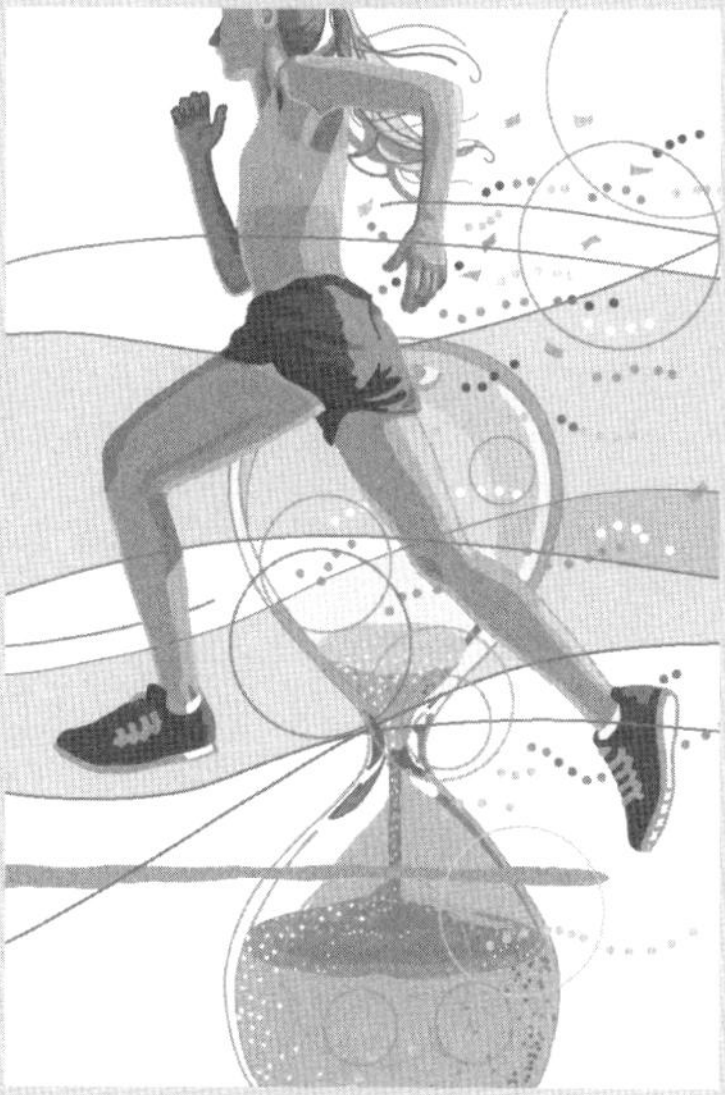

八田秀雄 著
HATTA Hideo

大修館書店

マラソンのエネルギーマネジメント

目次

Contents

序章　マラソンのエネルギーマネジメント …… 1

マネジメントとは …… 2
ATPがエネルギー 図1 …… 3
糖や脂肪からミトコンドリアが
ATPを作り出す 図2、図3 …… 5
酸素は必要だが、エネルギー源ではない …… 8
糖のエネルギーマネジメントが必要 図4 …… 10
糖と脂肪の使い方を考えるのが第一 …… 12
トレーニング方法はさまざま …… 13
考えることがマネジメント …… 14

第1章　マラソンのエネルギーマネジメントの基礎 …… 17

1 糖と脂肪 …… 18

糖とはグルコースとグリコーゲン 図5 …… 18
糖は溶けるし、小さくて使いやすい …… 20
糖がたくさんあると重くなる …… 20
糖は血管をダメにする …… 22
全身で500gの糖 図6 …… 22
グリコーゲンは溶けていない 図7 …… 24
グリコーゲンが減れば力が出ない 図8 …… 25
少し減っただけで影響が出る 図9 …… 27
乳酸は酸素がなくてできるのではない …… 29
乳酸は糖の分解が高まってできる 図10 …… 30
乳酸はエネルギー源 図11 …… 32
脂肪は貯めるのに適している …… 33
脂肪を使う脂肪細胞もある …… 34

2 運動強度の影響 …… 36

安静状態における糖と脂肪の使われ方は …… 36
強度が上がると糖を使う 図12 …… 37
糖の利用が増えると乳酸の閾値《いきち》ができる 図13 …… 38

負担が上がりきつくなり始める強度がLT 図14 …… 40
LTは快調のしるしでもある 図15 …… 42
乳酸は疲労の原因ではなく結果 …… 44
消防車と火事の関係で考える 図16 …… 45
強度の高い運動がきついのはなぜ 図17 …… 46
マラソンはLTを第一に考える 図18 …… 48

3 運動時間の影響 …… 49

30㎞の壁が示していること …… 49
糖がないと足が動かない …… 50
走るときのエネルギー消費量 図19 …… 52
マラソンでの糖の消費量は …… 54
まだ糖が少しは残っていたとしても走れない 図20 …… 55
糖の貯蔵量が増えたら …… 57
ペースを上げると糖分解が高まる …… 58
ペースの上げ下げは足にくる …… 59
スパートは1回で決めろ …… 59
最初のごちゃつきをあせらない …… 60
ハーフマラソンはゴールに向けて乳酸が増える 図21 …… 61
マラソンはゴールに向けて乳酸は下がっていく 図22 …… 63
ハーフマラソンとフルマラソンは
糖に関してはかなり違う競技 …… 64
後半にペースアップするのは素晴らしいが …… 66

コラム① 美濃大返しで秀吉は糖の重要性を
認識していたかも!? …… 51
コラム② 箱根駅伝と筆者の関わり …… 65

4 その他の要素の影響 …… 67

アミノ酸を使うには窒素を外す …… 67
アミノ酸もマラソン後半には使われる 図23 …… 68
脱水症状でフラフラになるのか …… 69
体重がどのくらい減ると影響が出るのか …… 70
暑いときは無理しないでやめる …… 72
寒い場合は服装を考える …… 73
筋の痛み …… 73
加齢の影響 …… 75
220－年齢からわかること …… 76

第2章　マラソンのエネルギーマネジメントからみたトレーニング　77

1　トレーニング強度をLTから考える……78
強度はまずLT……78
LTは筋の酸化能力 図24……79
トレーニング効果の柱はミトコンドリア……81
LTよりも実際には上の強度が必要 図25……82
乳酸がトレーニング効果をもたらす 図26……84
追い込むタイプのトレーニングもあってよい……86
高強度インターバルトレーニング 図27……87
強度の上げ下げ……89
効果が出たら見直す 図28……90

2　運動時間とトレーニングの組み立て……92
時間もLTから……92
運動時間でどう変わるのか……93
脂肪酸もミトコンドリアを増やす 図29……93
1日1回より、2日に1回2日分……95
休養もトレーニング……96
きつくて不調になるかもしれない……98
LTかそれより遅い強度になりがち……99
コンスタントよりも強弱では……100
頻度……100
週の中での組み立て……102
オフを入れたらゼロに戻るのか……103
休養期間のジョグ 図30……104

3　トレーニングの工夫……105
筋トレ……105
温熱刺激 図31……106
高所トレーニング、低酸素トレーニング……108
乳酸パラドックス＝糖分解の抑制……109
糖分解の抑制はマラソンにも有効……111
魔法の方法とも言いきれない……112
坂道トレーニング……113

4　トレーニングと栄養……114
糖回復は難しい……114
グリコーゲン合成を高める 図32……116

BCAA …… 117
ペプチド 図33 …… 118
ビタミンB_1 …… 121
サプリメントよりもまずは食事 …… 122

第3章　マラソン前の準備 123

1　最終準備段階での調整 …… 124
基本は日常生活 …… 124
いつから調整期 …… 125
調整段階でどのくらいトレーニングをするべきか 図34 …… 126
どれだけ落ちるのか …… 128
軽いジョグ程度で …… 129
刺激を入れる …… 130
サプリメントに頼らずきちんと食事を摂る …… 131

2　グリコーゲンローディングの考え方 …… 132
グリコーゲンローディング …… 132
一度減らすと増える 図35 …… 133
試合直前に長く運動できるか? …… 135
もともと西洋的な発想 …… 136
いろいろと工夫の余地がある …… 137
大事な方法だが難しい …… 138
やはりトレーニングが一番よい方法 …… 139

第4章　マラソン当日 141

1　スタートに向けて …… 142
当日の朝食 …… 142
ランニングの服装 …… 144
直前の栄養摂取 …… 145
糖の中でも …… 146

水分を貯めておく？…… 147
ウォーミングアップは？…… 148
ストレッチの注意点…… 149

2 スタートしてから …… 150

いよいよスタート…… 150
スタート直後は特に上げすぎない…… 152
人混みを右に左に避けるのもほどほどに…… 153
「身体が軽い」は実は要注意かもしれない…… 154

3 自分のペースをつくる …… 155

一定ペースを心がける 図36 …… 155
坂道では…… 157
走っている最中の摂取…… 158
実際には摂れない…… 159
各自の感覚だが…… 160
口ゆすぎ効果…… 161
給水の混乱もペースを乱す…… 162
水分補給はどのくらい？…… 163

4 ハーフを過ぎてから …… 165

中間点を過ぎて…… 165
ピッチを意識する…… 166
けいれんが起きそう！…… 167

5 30kmの壁を乗り超える …… 168

壁にあたる…… 168
グリコーゲンの低下が拡大…… 169
足が痛い…… 170
競歩ならできる 図37 …… 171
落ちてしまったら食べられるが…… 173
あと数キロ！…… 174
ゴール後に…… 175

あとがき 178
索引 183

序章

マラソンのエネルギーマネジメント

マネジメントとは

この本では、端的に言えば、マラソンを最後まで走りきるにはどうしたらよいのかについて、その科学的な背景を中心に考え、それを走りに活かしていこうという内容が中心になります。マラソンを最後まで走りきるには、マラソンの前にどんなトレーニングをしたらよいのか、マラソンの直前にどのような準備をしたらよいのか、実際の当日のレースでどのように走ったらよいのか、といったことがそれぞれ重要です。

ここでタイトルになっている「マネジメント」という言葉の意味はなんでしょうか。多くの方は「管理する」という意味を思い浮かべるのではないでしょうか。それにエネルギーがくっついてエネルギーマネジメントとなると、単純に言えば、マラソンを走るエネルギーをどう管理するのか、といった意味ともとれます。しかしマネジメント（management）という言葉を辞書で調べてみると、「なんとかする、どうにかする、切り抜ける」といった意味も書かれています。この「どうにかする、切り抜ける」といった意味は、まさにマラソンにふさわしいと言えます。

つまり、「マラソンのエネルギーマネジメント」とは、体内のエネルギー源をマラソンゴールまでなんとかもたせるにはどうしたらよいのか、そのためのトレーニング、事前準備、走り方について、科学的に考えましょう、ということです。

ATPがエネルギー 図1

走ることに限らず、生きるということには、エネルギーが必要です。そのエネルギーはどうやって生み出されているのでしょうか。端的に言えば、エネルギーを生み出すということは、ATP（アデノシン三リン酸）というものを生み出すということです。

ATPはエネルギーのお金のようなもので、アデノシンにリン酸が3つくっついた構造をしています。そのリン酸がくっつくときに、イメージとして、例えばバネを押し込んで力が貯まっていると思ってください。そこでそのリン酸が外れると、一緒にバネの力が出てくることになります。そのバネの力が生きるエネルギー、走るエネルギーに使われるということです。ただしATPは体内にあまり貯めることができません。体内には数秒でなくなるくらいの量のATPしかないので、必要な量をいつもそのつど作っていかなければなりません。

すなわちマラソンを走っているときに筋肉を中心とした体内で起こっていることは、ATPを作り続けるということです。もちろんマラソンに限らず、生きている限りは体内でATPは作り続けられ

図1　ATPがエネルギー

マラソンではATPを作り続けなければならない

ています。安静にしている場合では、このATPを作る能力には余裕がありますが、マラソンの場合は、その安静時におけるエネルギー消費量の5～8倍程度は多くのATPを、数時間にわたって作り続ける必要があります。そこで、マラソンのエネルギーマネジメントが重要になってくるわけです。

糖や脂肪からミトコンドリアがATPを作り出す 図2、図3

では、ATPはどのようにして生み出されるのでしょうか。簡単に言うと「糖や脂肪をエネルギー源にして、ミトコンドリアが酸素も使って生み出す」ということです。

ATPを生み出すには、その源である糖や脂肪が必要です。そのために私たちは食事をして、糖や脂肪を体内に取り入れているわけです。エネルギーマネジメントの第一歩は、エネルギー源である糖や脂肪を食べて体内に貯め、それらを分解して使うことです。そしてその過程でATPを生み出すキープレーヤーが、細胞内器官であるミトコンドリアです。

糖は筋肉のミトコンドリア以外の場所で、脂肪は主として脂肪細胞の中で途中まで分解され、そのあとで糖も脂肪も、筋肉内のミトコンドリアの中に運ばれ、そこでさらに分解されていって、最終的に二酸化炭素と水になり、ATPができます。ミトコンドリアは、言わばエネルギー産生工場である

図2 筋肉とミトコンドリア

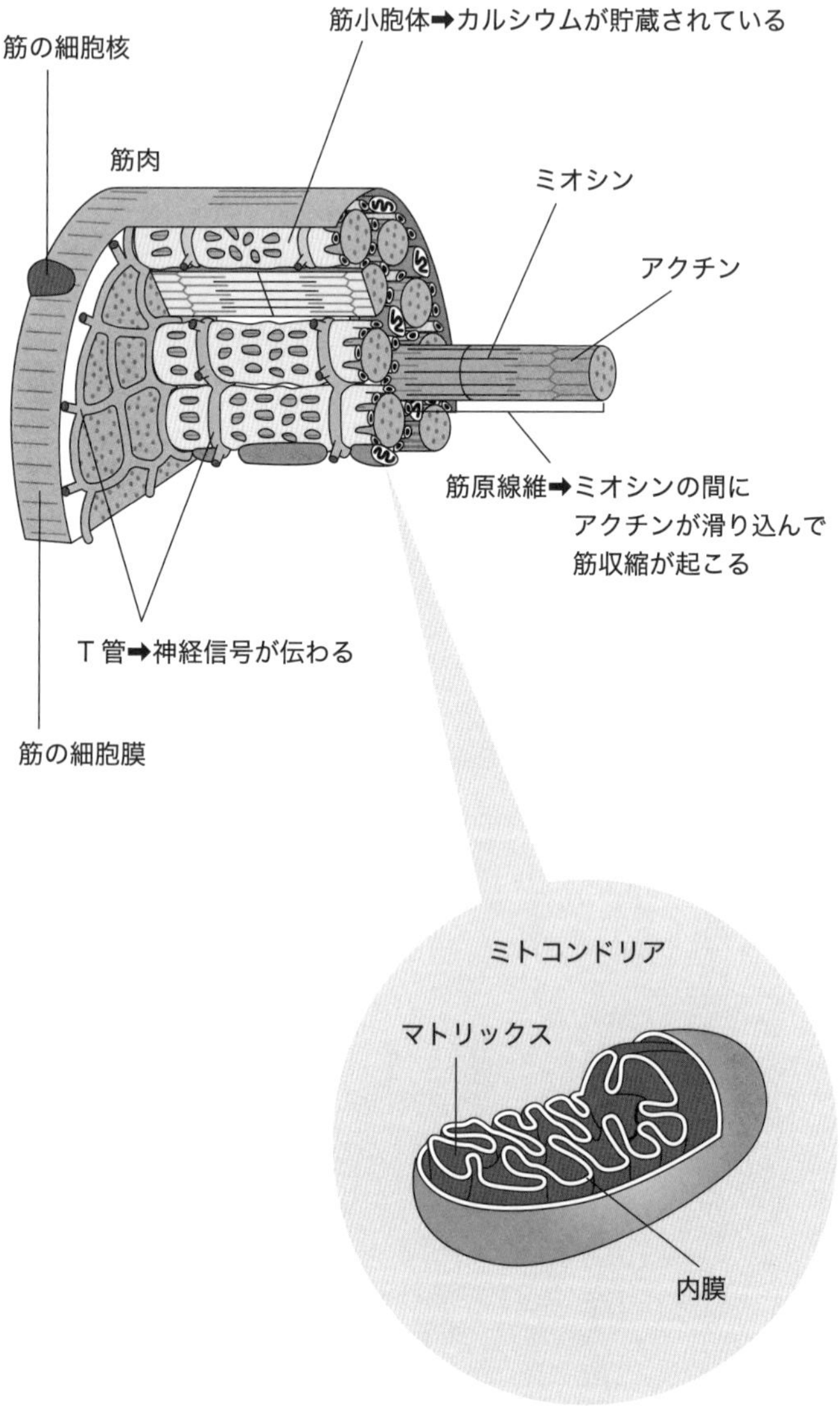

図3　ミトコンドリアはエネルギーの産生工場

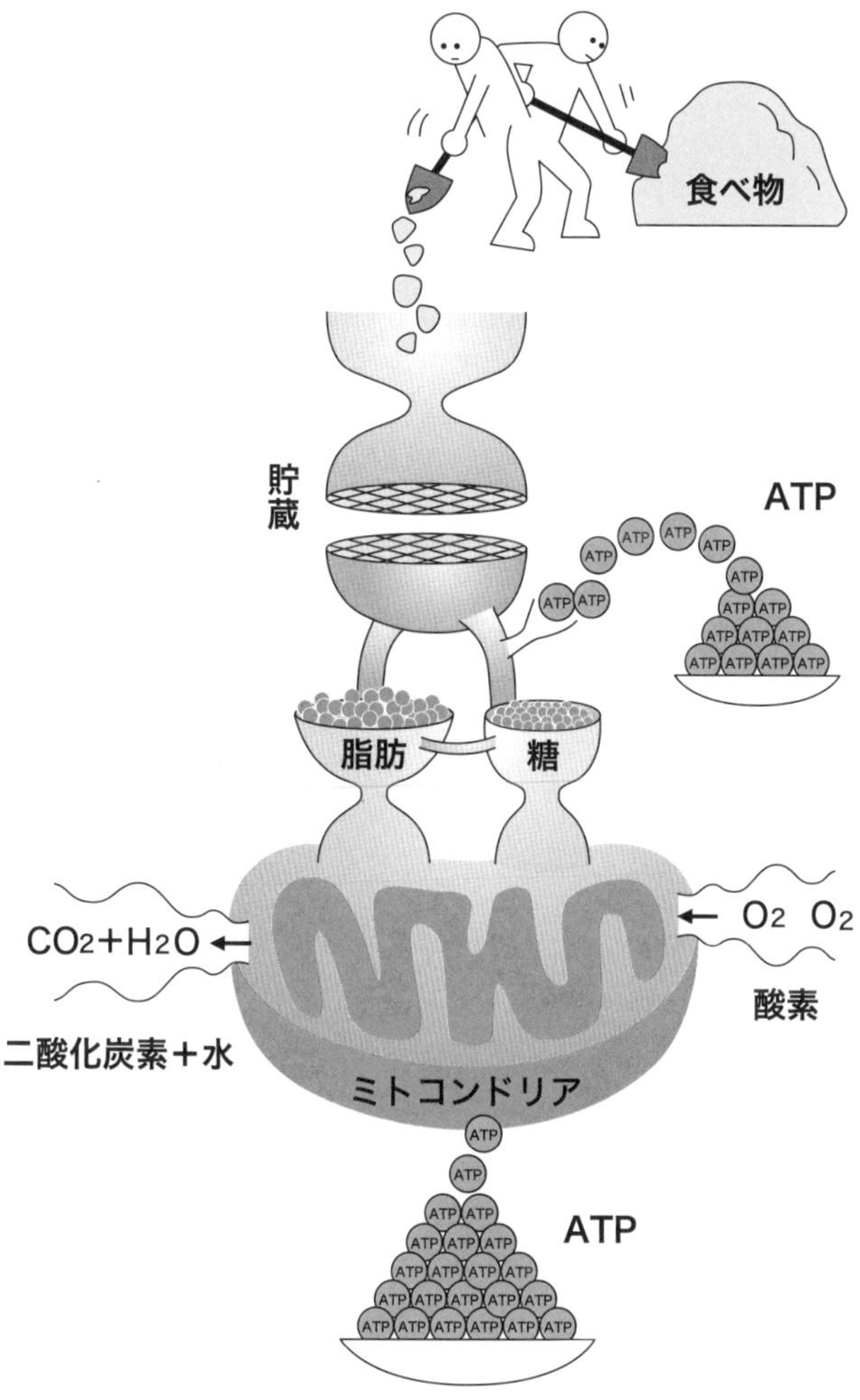

糖や脂肪をエネルギー源にして、
ミトコンドリアが酸素も使ってATPを生み出す

と言えます。

　したがってミトコンドリアが、筋肉にどのくらいあって、どのくらい働いてくれるのかは、長時間にわたりATPを作り続けなければならないマラソンのエネルギーマネジメントにとっては、非常に重要だということになります。さらにミトコンドリアは、トレーニングによって増えたり、機能が高まったりしていきますから、マラソンのトレーニングにおいても、ミトコンドリアをどう増やしてどう機能を高めるか、を中心に考えなければなりません。

　ミトコンドリアというと、中にぎざぎざ模様のある小判状のもの、というイメージがあります。ただしそれは断面図からのイメージです。実際には、にょろにょろした棒のような立体で、輪切りにしたときの断面が小判状だということです。そして、ミトコンドリアがトレーニングによって増えるということは、断面からみた数が増えるだけでなく、長くなったりして容積が増えるということでもあるのです。

酸素は必要だが、エネルギー源ではない

酸素、あるいはその体内に取り込まれた量である肺での酸素摂取量の観点は、これまで運動生理学

の中心にあったと言えます。運動生理学ではまず、肺での酸素摂取から話が始まるのが通例でした。もちろん酸素は、マラソンのエネルギーマネジメントにとって絶対に必要ですが、酸素だけではATPを生み出すことはできません。ミトコンドリアがATPを生み出すには、エネルギー源となる糖や脂肪が必要になります。

エネルギー消費量とは、糖や脂肪が使われた（減った）量のことです。しかし運動によってどれだけ糖や脂肪の貯蔵量が減ったかを直接的に測定することは、簡単ではありません。長期的なトレーニングならともかく、1回の運動でどれくらい糖や脂肪を使ったかについての測定は困難です。

いっぽう酸素摂取量については測定できるし、心拍数からでもある程度酸素摂取量は推定できるので、それらによって、1回の運動による糖や脂肪の消費量、すなわちエネルギー消費量を大まかには知ることができます。

そうした意味で、運動生理学の話が酸素摂取量から始まるのは理解できます。しかし酸素摂取量にあまりにこだわりすぎて、糖や脂肪の観点が薄くなってしまっているのも事実です。生きている限り必ず酸素は取り込まれ使われているのに、〝無酸素運動〟といったおかしな名称が使われ、真実のように説明されています。

ただし酸素を取り込む仕組みが重要でないと言っているのではありません。酸素がなければマラソンは走れません。ただしマラソンのエネルギーマネジメントにおいて一番重要なところは、エネルギー源である糖や脂肪の使い方であり、糖や脂肪の観点を重視するのがより適当だということです。

糖のエネルギーマネジメントが必要 図4

ではなぜ、マラソンにおいては、糖や脂肪の観点を中心としたエネルギーマネジメントが必要なのでしょうか。もちろん42kmも走るのだから、走りきるのが簡単でないことは明らかなのですが、それは、糖あるいは脂肪のどちらかだけでマラソンを走ることができないからです。

マラソンに限らず、生きるためのエネルギーは、主として糖や脂肪から得ています。糖は、運動すれば必ず使われるのであり、糖がないと運動自体ができなくなりますから、運動に必須のエネルギー源です。そのいっぽうで、糖の貯蔵量は実はあまり多くはありません。マラソンの後半になって糖が減ってくると、それが30kmの壁というようなマラソン後半の速度低下の大きな原因の1つになるのです。したがってマラソンでは、糖をどうにかしてゴールまで残すことが、最もと言ってよいほどに大事なことになります。

すなわち、糖をどう無駄に使わずに最後まで残して走りきるのかということが、マラソンにとって

図4　少ない糖を無駄なくバランスよく使う

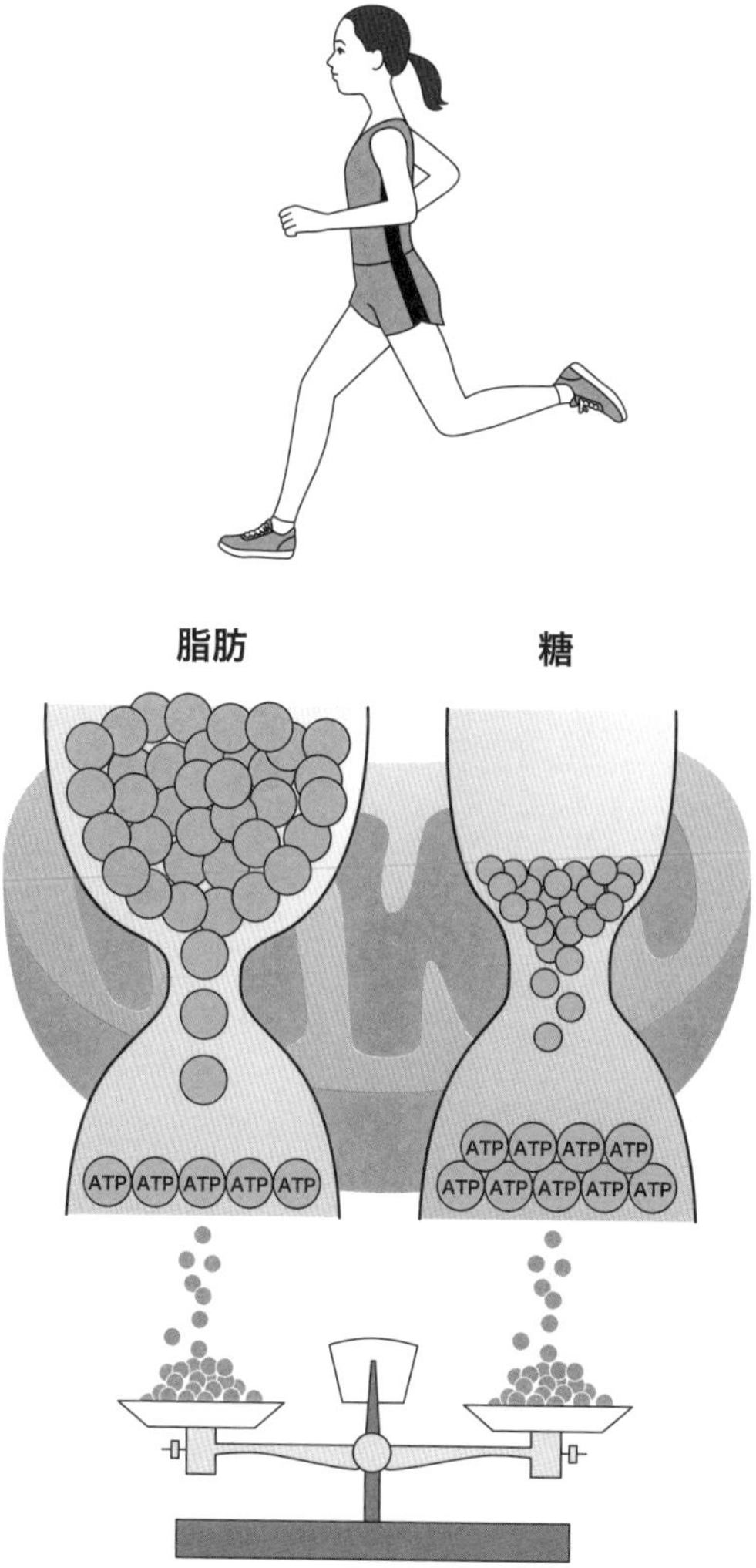

使いやすい糖は量が少なく、使いにくい脂肪は量が多い

最も重要であり、そのことがまさにエネルギーマネジメントというわけです。また糖を無駄に使わないということは、その分、脂肪をより使うということでもあるので、脂肪のうまい使い方も、エネルギーマネジメントの重要な側面になります。

糖と脂肪の使い方を考えるのが第一

限りある糖を最後まで残すには、単純に言えば、糖の使い方を考えて、レース中できるだけ糖を無駄に使わないようにするのが一番です。

そのためには、トレーニングで脂肪をより使える身体にしておくのが第一で、それにはどんなトレーニングが有効なのかを考えなければなりません。また走り方によっても、例えばどれくらいの強度でどのように走るのか、ペースを一定にするのかは大事なことです。さらには同じペースで走っても、時間の経過によって糖や脂肪の使われ方は変わっていきます。

すなわち運動強度と運動時間の2つの要因から考えていくことが必要です。糖の貯蔵量が少ないことについては、やり方次第では、ある程度対応（糖を増やすこと）は可能です。また走っている間に糖を補給することも可能です。ただし走っている間は、摂取したものが吸収され、筋肉に届いて使われることがなかなか容易ではないのも事実です。

このように考えていくと、トレーニング、事前準備、レース中、それぞれの場面で、エネルギーマネジメントを考えていくことが必要です。そしてその集大成として、どの要素もうまくいくことによって、ようやく目標のタイムを達成できるのです。

トレーニング方法はさまざま

それではどんなトレーニングをしたらよいでしょうか。その具体的な方法については本書の範疇《はんちゅう》を超えるので、詳しく述べることはしません。本書で述べるのは、トレーニングの原則的なことについての科学的な背景です。大事なことは、トレーニングの原則はいろいろあっても、トレーニングに唯一絶対の正解があるわけではないということです。強度を上げることを重視するのか、あるいは維持することを重視するのか、考え方もいろいろです。

トレーニング効果をもたらす方法は千差万別なので、ある方法が合う人もいれば合わない人もいます。スピードがないタイプの人と、スピードはあるがなかなか続かないタイプの人とでは、トレーニングの組み立ても変わります。スピード練習と持久走の配分によってトレーニング効果にも差が出てきますが、どの配分が正解なのかは簡単には言えません。ある方法で効果が大きい人もいれば、あまりない人もいます。ある人にとって最善と思われる練習、あるいは確かに効果が出た練習が、別の人にとっても最善とは限りません。またそのときの身体の状態によっても、内容は変えていくべきです。

本書では、あるトレーニングを科学的に考えれば、身体にはこのような効果がある、期待できる、といったことを一般論としては述べますが、トレーニングの組み立てなどについては個別の話ですから、述べることはしません。いっぽうで科学的な背景をもたない練習は、やはりうまくいかないのも事実です。

考えることがマネジメント

私が若い頃には、「運動選手は頭まで筋肉なので頭を使わない」といったジョークを耳にすることがありました。しかし運動するには頭を使います。実際に運動時の脳への血流量は、安静時よりも増えます。それだけ運動時に脳の働きが高まっているということです。

近年、科学技術の進展で多くの分析ができるようになり、さまざまなデータが得られるようになってきています。特に走るフォームや速度、あるいは着地の衝撃などを外から分析する技術は、かなり進んできています。しかしそれらのデータを得られたとしても、大事なのは、その情報をどのように自分に当てはめて活かしていくかということです。選手がよい成績を収めたければ、できるだけ頭を使い、考えてトレーニングや試合をすることが求められます。つけ加えると、外から得られたデータからだけではなく、運動している体内で、どんなことが起きているのかを知ることが大切になってきます。しかしながら、そのようなデータを取得し分析するための技術開発は、まだまだ足りません。

運動しながら、私たちはいろいろな判断をしています。とは言っても、それは球技のように、どう攻めるかどう守るかといった判断の場合であって、マラソンのように長時間走り続けるだけの運動では、判断は必要ないと思われるかもしれません。

確かにマラソンの場合は、瞬時瞬時の判断が必要になる機会はあまり多くはありません。それでも選手であれば、スパートした選手についていくかどうか、市民ランナーであれば自分のペースがこれでよいのか、あるいは坂道で頑張るかどうか、給水をとるかどうか、とるにしてもどのくらいの量とるのかなど、判断が必要な場面がいくつもあります。

エネルギーマネジメントが必要なマラソンでは、その判断によって勝敗やタイムが決まってしまうこともあります。

またマラソンは、実際に走っているときだけでなく、事前にどんなトレーニングをしてどう回復し、あるいは直前にどんな準備をしてきたかの集大成です。「このトレーニングでよいのか」「この準備でよいのか」など常に自問自答することが必要です。マラソンのエネルギーマネジメントは、自分で考えることが基本です。本書では、その考えるうえでの科学的根拠を提示しようと思っています。

つまり本書は、考えるマラソンランナーのための本です。

第1章

マラソンのエネルギーマネジメントの基礎

第1章では、マラソンのエネルギーマネジメントを実践するうえでの基礎的なことについて説明します。そしてこの章の内容をご理解いただくことが、本書の中で最も重要なことです。

まずエネルギー源である糖と脂肪についての話から始めますが、特に身体にある糖の貯蔵量が少ないことは、マラソンのエネルギーマネジメントの柱と言えるものです。さらに乳酸は疲労の素ではなく、糖からできるエネルギー源なので、乳酸を考えることは糖について考えることになります。そして糖と脂肪の使われ方が、運動強度や運動時間によってどう変わるのか、それがマラソンとどう関係するのかについて発展させていくことにします。

1 糖と脂肪

糖とはグルコースとグリコーゲン 図5

糖とは、食べるごはん、甘い砂糖といったイメージでしょうか。名前に糖とつくものでも、砂糖、果糖、蔗糖《しょとう》、麦芽糖というように、いろいろあります。しかし体内での代謝とそのマラソンとの関係

図5　血液の糖であるグルコースと、貯蔵糖であるグリコーゲン

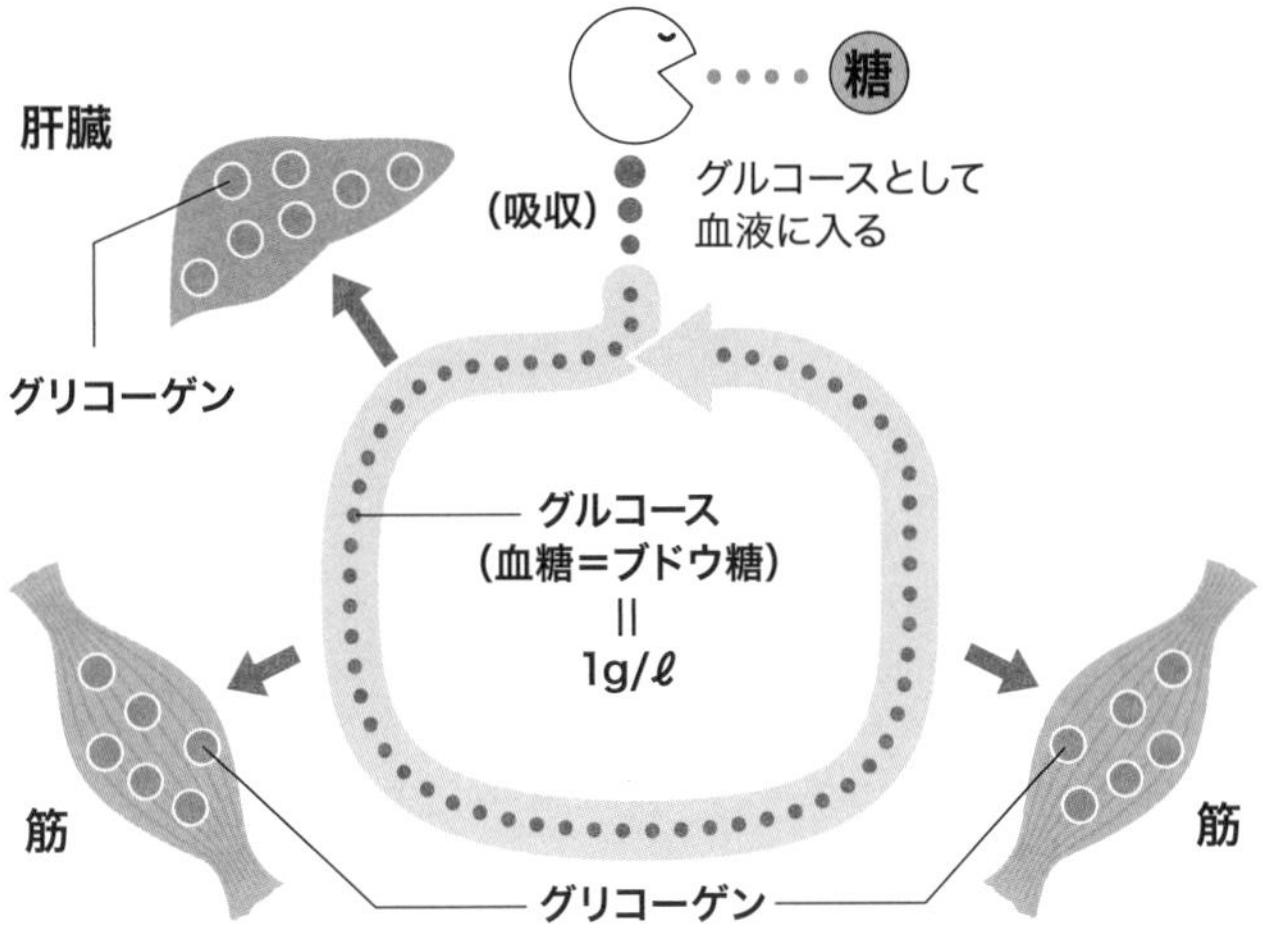

を考えるには、血液の糖であるグルコース（ブドウ糖）と、そのグルコースが集まった貯蔵糖であるグリコーゲンのことを考えれば十分です。

食べた糖は、吸収されると基本的にはグルコースとして血液に入って体内を回り、筋肉や肝臓を中心にグリコーゲンとして貯められます。

血中グルコース濃度のことを血糖値とも言い、血糖値は通常１００㎎／dℓ程度が維持されています。これは血液１ℓあたり１gのグルコースがあるということです。血液に糖があるといっても、その濃度は実はこの程度なのです。もしこの濃度が倍になっている状態が続いたら、かなりの糖尿病と言えます。つまり体内にある糖の量は、実はそれほど多くないのです。

糖は溶けるし、小さくて使いやすい

例えば紅茶に砂糖がどんどん溶けるように、糖には水によく溶けるという特徴があります。血液に放出された糖は、すぐに溶けて体内を巡ります。血液の糖であるグルコースは$C_6H_{12}O_6$と表わしますが、これは要するに炭素が6個、水素が12個、酸素が6個からなっているということです。ちなみに脂肪には炭素が50個以上あるので、グルコースの炭素が6個というのは小さいということです。

強調したいのは、水に溶けて小さいということは、運びやすいし、分解して利用するのが簡単だということです。また血液のグルコースは脳のエネルギー供給源です。血糖値が下がると、意識が失われたりするので、血糖値を維持することは、生きるうえでの最重要課題の1つと言えます。運動するうえでも、糖が少なくなると筋肉も力が出しにくくなります。このように糖は非常に使いやすく、生きていくうえで大変重要なエネルギー源であることがわかります。

糖がたくさんあると重くなる

私たちの体内は、薄い海水のような状態になっています。塩である塩化ナトリウム（NaCl）に換算すれば、0・9%くらいに相当する濃さです。

これは数億年前、地球に高等生命が生まれた頃の海水の塩分濃度に近いとも考えられます。今の海水はこれよりも4倍くらい濃い塩分濃度になっています。ただし0・9%というのは塩化ナトリウムだけで換算したものです。

しかしながら、体内で水に溶けるものは塩だけではありません。糖もよく溶けますから、たくさんの糖が溶けて水の量がそのままだと、体内は濃い状態になってしまいます。これでは困るので、水を増やして体内の濃い状態を防ぐ必要があるのです。科学的に言えば、体内の浸透圧を一定にするということです。

ところが、体内に糖が多くなると水が必要だということは、身体が重くなるということです。つまり陸上にいる動物にとっては、それだけ動きにくくなり、動くためのエネルギーがより必要になってきます。

本来生物にとっては、どうやって餌を手に入れるかが大変な問題です。いつもお腹を空かして餌を探しているのが生き物の本質です。身体が重くなるとそれだけ動きにくいので、餌を採りにくくなり、また重い分、余計に餌が必要になります。そこで溶けやすい糖がたくさんあると、さらに水が必要になるという悪循環に陥ってしまいます。つまり糖がたくさんあるのは困ることなのです。

糖は血管をダメにする

甘いジュースをこぼすとベタベタします。糖にはベタベタする性質があります。血液の糖であるグルコースも血管の中にあるので、血管の壁にあるタンパク質などにベタベタとくっついてしまいます。

世界中で患者数が増えて大問題になっている糖尿病は、血液中の糖が通常よりも多い状態になる病気です。その糖が多い状態によって、通常よりも多くの糖がタンパク質などにくっついて、血管がダメになっていってしまうのです。このような点からしても、糖はたくさんあっては困るのですが、いっぽうでグルコースは脳のエネルギー源ですから、ないのも困ります。糖は、多くはない量がいつもあることが必要なのです。その結果としての血糖値は、1ℓあたり1g程度です。食事では糖を食べて血糖値が上がりますが、上がった血糖値は、かかっても数時間程度で元の値に戻るのが通常です。

全身で500gの糖 図6

血糖値として1ℓあたり1gというのは、グルコースの濃度を示しています。全身の血液量は体重の7%程度なので、体重60kgの人の血液量は4ℓ、全身の血液中のグルコース量は4g程度でしかあ

図6　体内の貯蔵糖は約2000キロカロリー

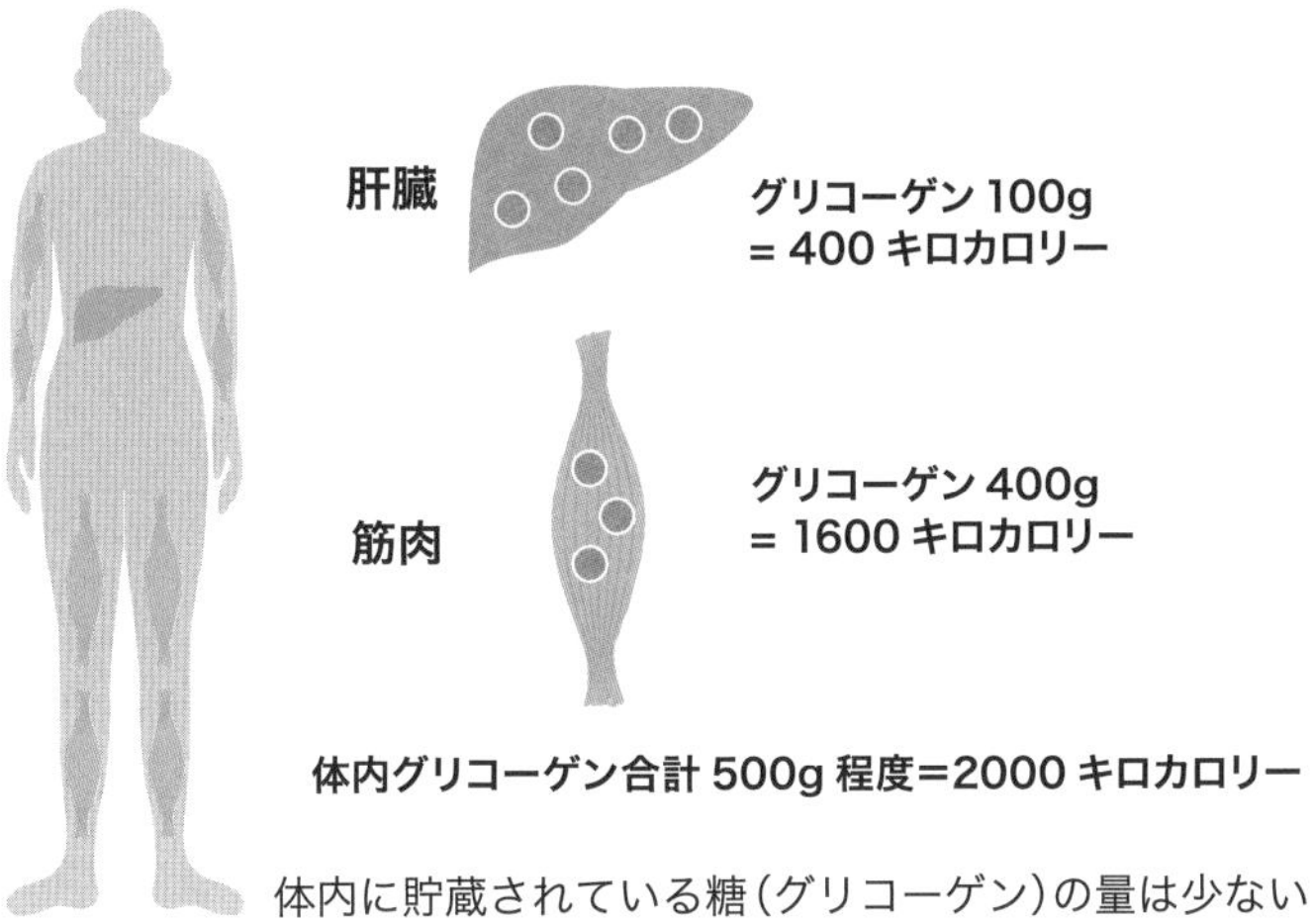

体内に貯蔵されている糖（グリコーゲン）の量は少ない

りません。いっぽう貯蔵糖であるグリコーゲンは、筋肉に４００g、肝臓に１００g、合わせて５０４g程度です。１gの糖は４キロカロリーと換算されるので、２０００キロカロリーくらいしか体内に糖はないことになります。しかも肝臓のグリコーゲン量は変化が早いので、夜寝ている間にも減っていきます。なぜなら、肝臓のグリコーゲンは血糖値を保つ働きを担っているからです。

　寝ている間は食事をしませんから、血糖値は本来は下がっていってしまいます。そこで肝臓がグリコーゲンをグルコースに分解して血液に送り出し、血糖値を維持しグルコースを脳に供給しています。脳は１日に４００キロカロリー程度は糖を使っています。肝臓はグリコーゲンからグルコースを介して脳にエネルギー源を送っているのです。

グリコーゲンは溶けていない 図7

グリコーゲンは筋肉と肝臓を中心に５００ｇ程度しかありません。しかも実は、このくらいの量を体内に貯め込むだけでも大変なことです。グリコーゲンというのは、血糖であるグルコースがたくさん集まったもので、たくさん集まることによって、溶けていない状態を作っています。もしもグルコースがグリコーゲンにならないで普通に溶けているとしたら、さらに水が15kgくらいは必要になります。グルコースが集まってグリコーゲンとなることで、浸透圧を維持するのに必要とする水の量を抑えることができるのです。ただし溶けていないといっても水を吸ってはいるので、５００ｇのグリコーゲンに対して、３kg程度は水を伴っていると考えられます。

このことはグリコーゲンが増えれば、水を伴って体重も増えることを意味しています。逆に運動で多くグリ

図7 500gのグリコーゲンは3kg程度の水を伴っている

コーゲンを使うと、体重が数kg減ることも珍しくはなく、これには、グリコーゲンが減ることで一緒にあった水もいらなくなることが大きく影響しています。またグリコーゲンが溶けていないということは、筋肉内に均一には存在していないということです。溶けていれば、筋肉中のどこにでも糖が同じくらいの濃度あるわけですが、グリコーゲンの分布は均一ではありません。すなわち、グリコーゲン量が通常レベルである場合にはそのことは問題にはなりませんが、グリコーゲン量が減ってくるマラソンの後半には問題となり、力を出しにくくなることに関係してくると考えられます。

グリコーゲンが減れば力が出ない 図8

グリコーゲンはグルコースが集まったものですから、グリコーゲンが少なくなると、糖（グルコース）は使えなくなります。脂肪だけでは強度の高い運動はできませんが、例えば100mを1本だけ走るのであれば、距離が短いので、グリコーゲンがわずかでも残っていればできそうなものです。

しかし実はグリコーゲンが減ると、100mくらいのダッシュさえも十分にはできなくなります。その理由は、筋収縮に必要なカルシウムの働きがうまくいかなくなるからです。筋肉は筋線維の束であり、筋線維は筋原線維の束です。さらに筋原線維は2種類のフィラメントからなり、それらがお互

図8 筋収縮とカルシウムの働き

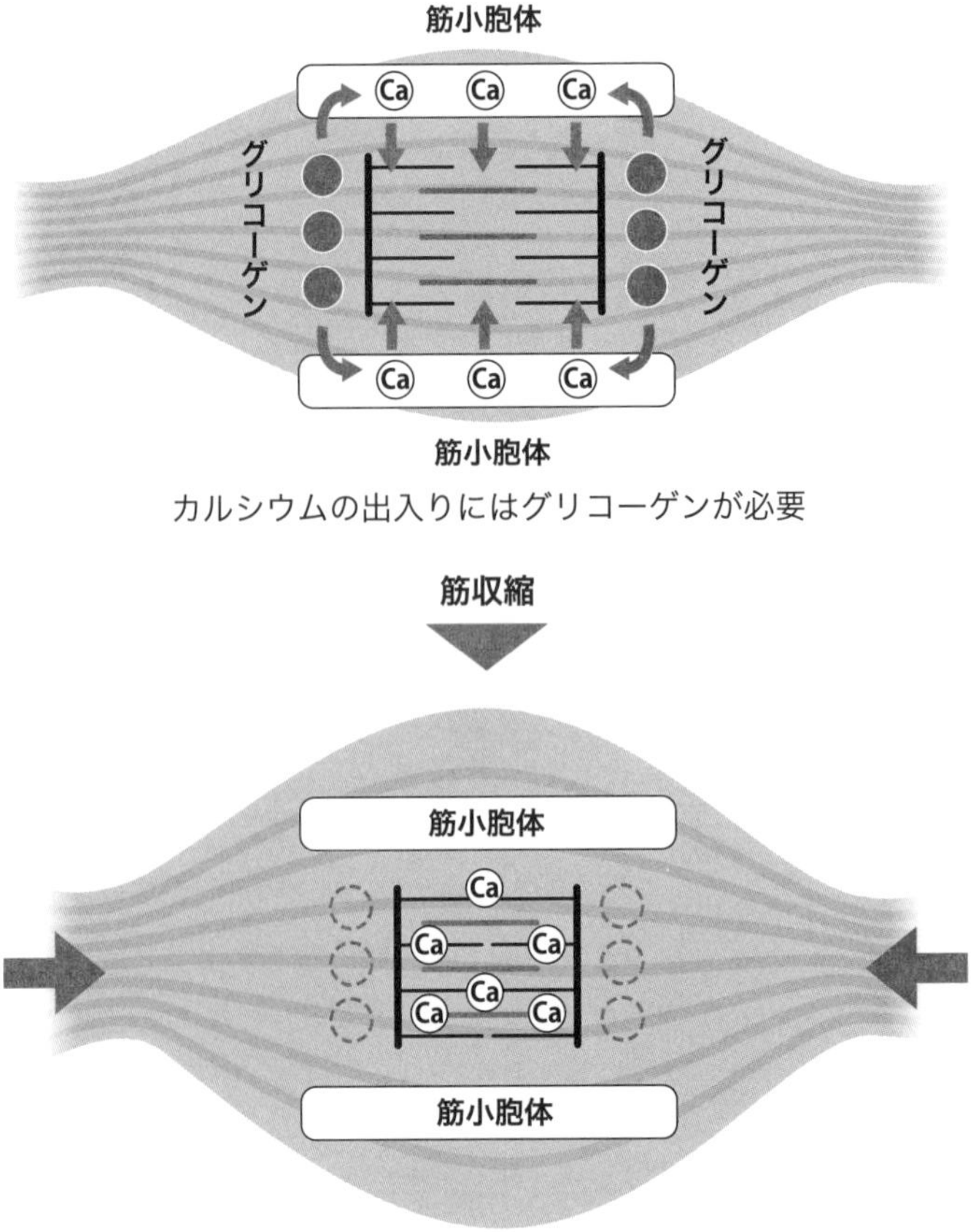

グリコーゲンが減るとカルシウムの出入りが
悪くなり、筋肉が力を出しにくくなる

いに滑り合うことで筋肉は長さを変えることができます。そのフィラメントは、周りを筋小胞体という袋のようなもので取り囲まれています（P.6 図2 参照）。この筋小胞体にはカルシウムが貯められていて、神経から筋収縮しなさいという指令がくると、カルシウムが放出されます。カルシウムがフィラメントにくると、2つのフィラメント同士につながりができて滑り合い、筋肉は収縮して力が出せるようになります。そのカルシウムが筋小胞体に戻ることで、筋肉は弛緩します。すなわちカルシウムの働きがなければ、筋は力を出すことができないのです。

カルシウムの出入りにはエネルギーが必要で、そのエネルギーは主としてグリコーゲンから得られていると考えられています。そこでグリコーゲンが減ってしまうと、筋収縮に必須のカルシウムの働きが悪くなり、筋肉が力を出しにくくなるのです。マラソンの後半になってグリコーゲンが減ると、主たるエネルギー源である糖が減るということだけでなく、カルシウムの働きが悪化してしまうということで、筋収縮自体が低下し、力が出せなくなり、足が止まってしまうのです。

少し減っただけで影響が出る 図9

では、どのくらいグリコーゲンが減ると、足が止まるような事態が起こるのでしょうか。

実はグリコーゲンが極端に低下した状態ではなく、まだそれなりには残っていると思われる程度でも、グリコーゲンの低下は足の運びに影響を及ぼします。本来グリコーゲンがゼロになるまで運動をする、といったことはあり得ません。血糖値も通常の2／3に下がるようなことになれば、それは大変なことです。

科学的に検証するのはなかなか難しいのですが、グリコーゲンが通常レベルの1／3が減って、残り2／3になったくらいから、もう影響が出始めるのではないかと私は考えています。

グリコーゲンは溶けていないので、筋肉内に一様には分布しておらず、減り始めると部分的にでも影響がすぐ出始めます。そしてグリコーゲンが通常の半分になってしまうと、もう走るのはかなりきついのではないかと思われます。糖が減ってしまうと血

図9　グリコーゲン残量が走りにおよぼす影響

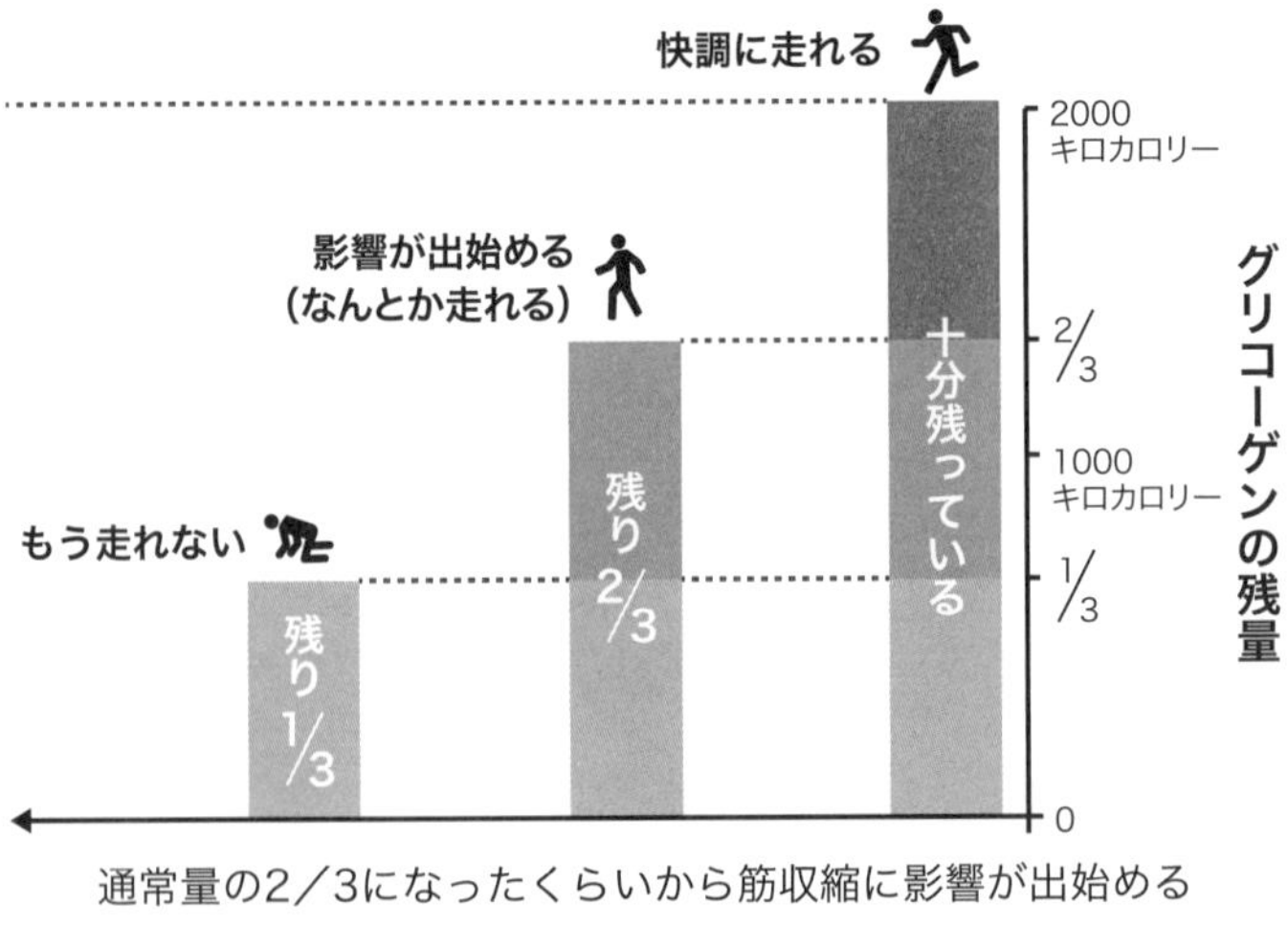

通常量の2／3になったくらいから筋収縮に影響が出始める

糖値も下がり、脳へのエネルギー供給が十分にはできなくなるので、身体は糖が減ることに対して非常に敏感になります。糖が少し減ると足が動かなくなるのは、糖がさらに大きく減ることを防ぐ防御機構とも考えられます。足が動かなくなれば、それ以上に糖をたくさん使うことはなくなるわけです。

このようにマラソンのエネルギーマネジメントの観点では、なんといっても、糖をゴールまでどう残すのかが重要になります。このことは、さらに運動時間による変化のところで詳しく考えます。

乳酸は酸素がなくてできるのではない

乳酸は糖を使う途中でできるもので、脂肪からはできません。マラソンのエネルギーマネジメントにおいては糖の管理が一番ですが、このことは「乳酸の管理が一番」と言い換えることもできます。

糖を分解していくと、ピルビン酸という物質ができます。以前はここから先のピルビン酸のゆくえは、二者択一的に決まるとされてきました。ピルビン酸がミトコンドリアに入って、完全に二酸化炭素と水に分解され利用されるには酸素を必要としますが、いっぽうピルビン酸が乳酸になるには酸素を必要としません。つまり酸素があればミトコンドリアへ、酸素がなければ乳酸へということで、乳酸ができるのは酸素がないとみなされ、乳酸ができるのは無酸素運動であるとも言われてきました。

しかし実際には、生きて運動している体内において、酸素がないという状態はあり得ません。いつも心臓が動いて酸素は肺から取り入れられ、筋肉などに送られています。短距離走のような運動であっても、必ず酸素が取り込まれて使われています。文字通りの無酸素運動はあり得ず、ましてや長距離走では長時間走り続けるのですから、乳酸が多くできることはあっても、酸素がないといった状態は考えられません。

乳酸は糖の分解が高まってできる 図10

ではなぜ、乳酸ができるのでしょうか。その答えを出すには、糖が分解される道筋のどこに焦点を当てるかが重要です。

これまでの、酸素の有無によって乳酸ができるかどうかが決まるという考え方は、糖が分解される道筋の最後の段階に焦点を当てるだけで、それまでの段階における糖の流れの太さ（分解量）を考えていません。実際には、最後の段階であるミトコンドリアはいつも働いているのですが、その最後の段階のミトコンドリアで処理する以上に最初からの流れが太ければ（分解量が多くなれば）、ピルビン酸はミトコンドリアに入らず（入れませんから）、乳酸になるわけです。このように分解する糖の分解量が多いと、ミトコンドリアの反応は進んでいても、乳酸のほうに流れがいくのです。すなわち運動して乳酸ができるのは、糖を分解する反応が高まるからです。最初からの流れがどのくらいの量かを考えることのほうが、実態に合っているということです。

この糖分解は、運動を開始したり、急に運動強度を上げたりするときに高まりやすいのです。マラソンの途中でも運動強度はよく変わりますが、そのことによって糖の分解が高まり、乳酸が作られる可能性があります。これはマラソンのエネルギーマネジメントにおいて非常に重要な点です。

図10　糖の分解と乳酸の関係

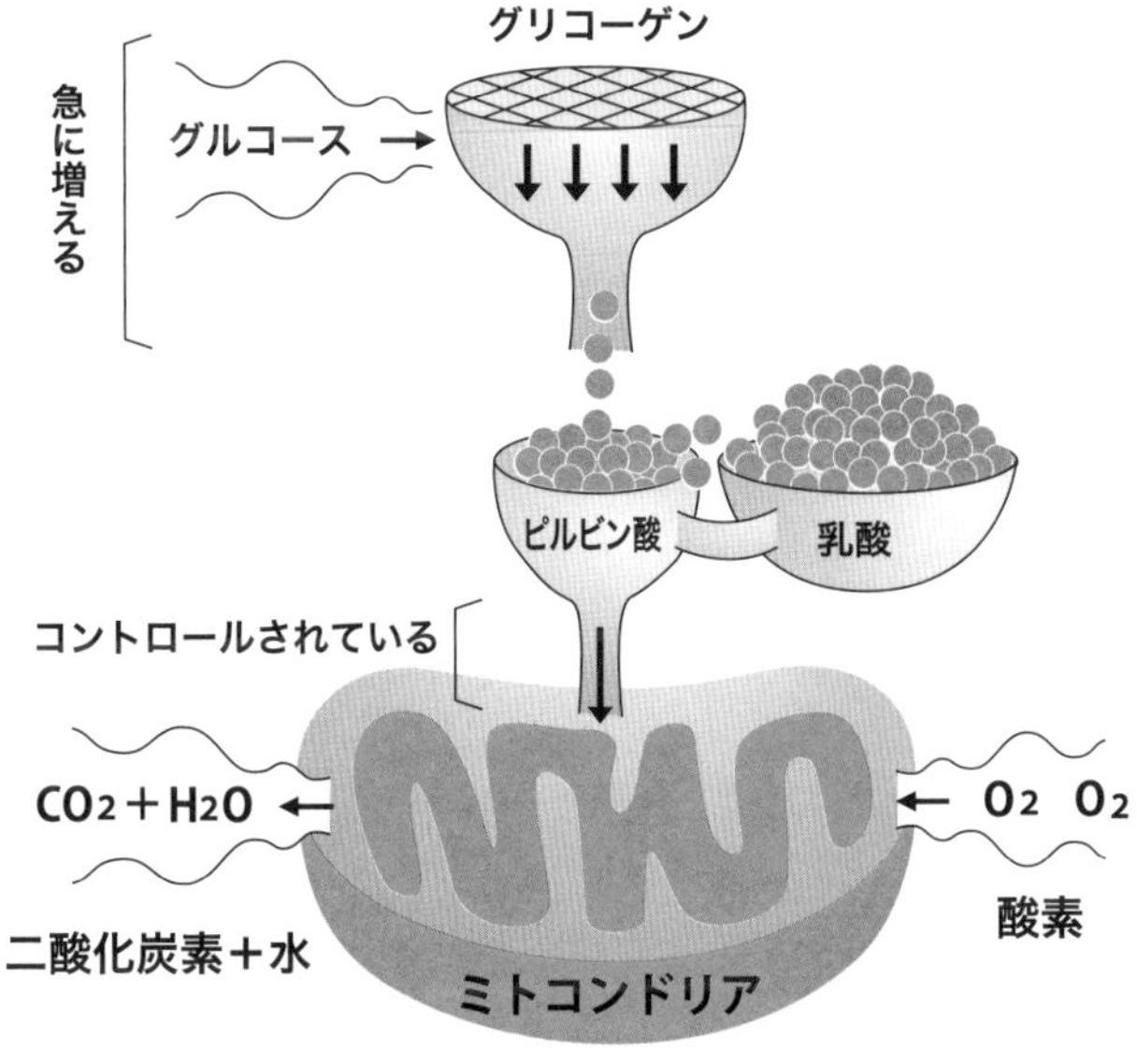

糖の分解量が急に増えると乳酸ができる。
乳酸はピルビン酸に戻れば使える

乳酸はエネルギー源 図11

糖の分解が高まって乳酸ができると、その乳酸はどうなるのでしょうか。

以前はよく、乳酸は運動後に糖に戻ると説明されてきました。運動後になれば、確かに糖に戻る乳酸もあります。しかし乳酸は糖を途中まで分解してある状態なので、すぐにミトコンドリアで使えるのです。つまり糖を途中まで分解してできた乳酸は、非常に使いやすいエネルギー源なのです。

例えば速筋線維はミトコンドリアが少なく、乳酸を多く作りやすい線維であり、いっぽう遅筋線維はミトコンドリアが多い線維ですので、速筋線維でできた乳酸は、血液に出て遅筋線維に取り込まれ使われます。また心臓の筋肉である心筋も、

図11 速筋線維から遅筋線維への乳酸の流れ

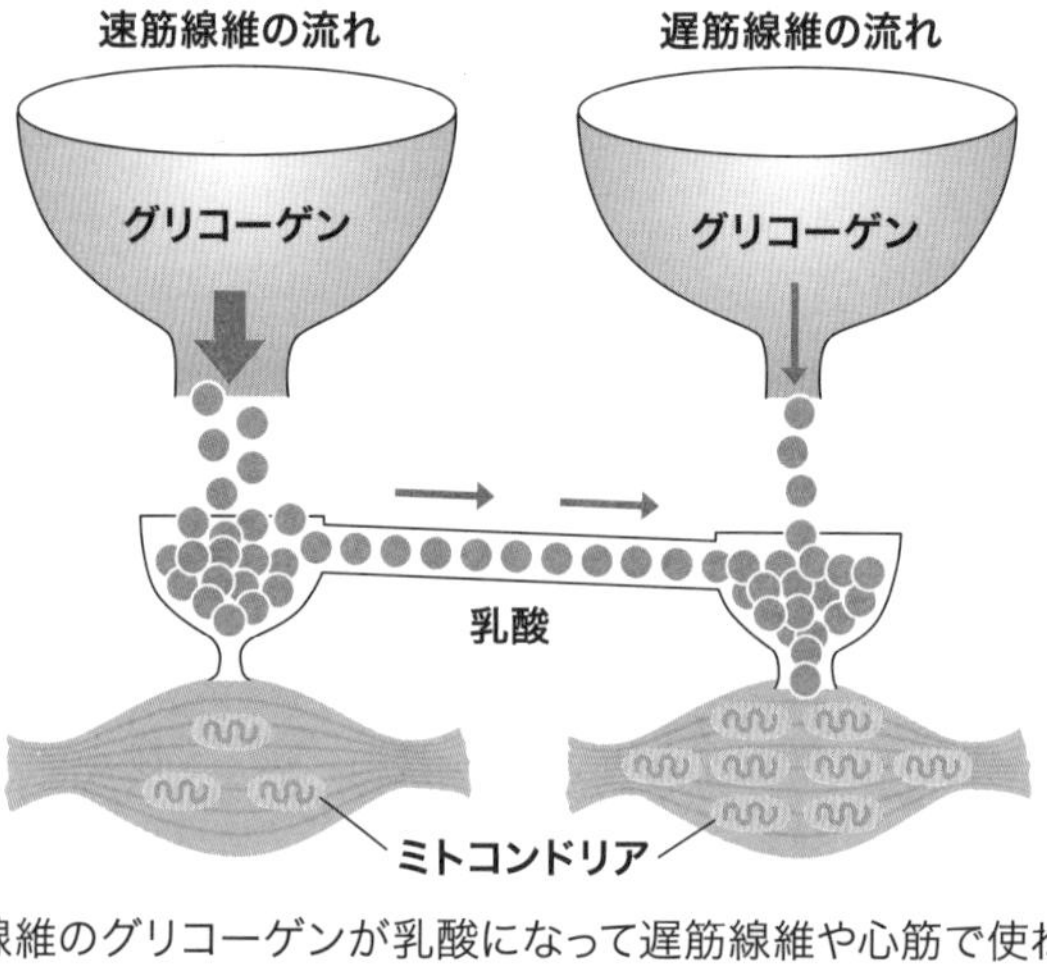

速筋線維のグリコーゲンが乳酸になって遅筋線維や心筋で使われる

非常にミトコンドリアの多い組織ですので、血液の乳酸が増えると、心筋ではどんどん乳酸が使われます。すなわち速筋線維にあったグリコーゲンが乳酸になって、遅筋線維や心筋で使われるということです。そこで血中乳酸濃度は乳酸の産出量と酸化利用量のバランスということになります。

マラソンのエネルギーマネジメントにおいても、マラソンの後半になってグリコーゲンが減ってくると、まだグリコーゲンが残っている組織、例えばあまり使われなかった腕などにあるグリコーゲンが乳酸になって、足の筋肉で使われることもあり得ます。筋肉はグルコースを作れませんが、代わりに乳酸を作れます。

このように乳酸は糖からできて使われますから、乳酸ができて使われることは、糖を使うということです。またマラソンの後半のように糖が減れば、乳酸もまたできなくなるということです。

脂肪は貯めるのに適している

では、糖と並んでもう1つのマラソンの主たるエネルギー源である、脂肪はどうでしょうか。

脂肪というのは、3本の鎖＝脂肪酸が集まったものです。その鎖はそれぞれの炭素が16個とか18個ある場合が多いので、それだけでも炭素が50個近くあります。グルコースは炭素が6個ですから大きさが違います。そして糖が小さくて水に溶けるのに対して、脂肪は大きくて水に溶けません。水に溶けないと、血液の中で体内を循環させるのも、筋肉の中で移動させるのも大変です。また大きいということは、使うのにも反応段階がより必要だということです。それだけのことで考えれば、エネルギー源として脂肪を利用するのは糖よりも大変なことです。ただし水に溶けないということは、たくさんあっても糖のように水は必要ないということです。

脂肪は貯めるのに適しています。体重の数十％が脂肪なのですから、体内に5～10kg程度はあるわけです。500gしかない糖とはかなり違います。また脂肪は同じ重量あたりで供給できるカロリーが、糖の2倍以上あります。脂肪は水に溶けず、貯めるのに適したエネルギー貯蔵庫だと言えます。

ただし脂肪はエネルギーを貯めるだけの組織ではありません。近年では、脂肪がいろいろなホルモンを出して脂肪量を調節していることがわかってきました。すなわち脂肪はエネルギーを貯めるだけでなく、身体のエネルギーマネジメントを調節する、アクティブな組織でもあるということです。

脂肪を使う脂肪細胞もある

ところで、マラソンには直接関係ありませんが、脂肪にも種類があることにも触れておきます。

脂肪というと、食肉の脂身《あぶらみ》のイメージでしょうか。これは脂肪細胞の1つである白色脂肪細胞のことで、その中に脂肪滴という形で白い脂肪が貯められています。ところが実はもう1つ、褐色脂肪細胞という脂肪細胞があります。この細胞は、文字通りの色で脂肪滴も持ってはいますが、ミトコンドリアが大変多いという特徴があります。そのミトコンドリアは、言わば脂肪をどんどん燃やしているのです。ミトコンドリアがATPを生み出すのは通常、走るときのようにATPが必要だからです。

ところがこの褐色脂肪細胞で脂肪が使われるときには、必ずしも走るといった動作が伴う関係性はありません。赤ちゃんにこの細胞が多いことが知られていますが、できたATPは熱になり、熱産生が多くなることで体温が高くなります。そしてその結果として体タンパク質などの合成が高まり、成長を促していると考えられます。この褐色脂肪細胞は、発育していくにつれて減っていくようですが、人によって減り方が違うので、多く残っている人は、それだけ脂肪を使ってくれるので太りにくいとも考えられます。そして近年ネズミの実験でわかってきたことは、持久的能力を高めるトレーニングをすると、脂肪細胞にもミトコンドリアが増えて、褐色脂肪細胞のような性質をもつようになるようです。このことを白色脂肪細胞に色がついてきてベージュ化するというように言ったりします。

つまりマラソントレーニングは、走っているときも、運動していないときにも、より脂肪を使いやすい身体にしてくれるということです。

2 運動強度の影響

安静状態における糖と脂肪の使われ方は

それでは、運動による糖と脂肪の使われ方を考えていきましょう。

糖は使いやすいのですが量は少なく、脂肪は量は多いのですが使うのに手間がかかることを頭に置いてください。糖と脂肪の使われ方には、運動強度と時間の2つの要素が関係しますので、まずは運動強度による糖と脂肪の使われ方の違いから話を進めます。マラソンの前半で、糖がまだ大きくは減っていない状況でのペース設定を想定してください。

その前に、運動していない安静状態について簡単に説明しておきます。糖は脳の主たるエネルギー源でもありますから、安静状態においても常に使われています。しかし、糖だけを使っているとすぐになくなってしまうので、脳以外の組織においては、安静状態では糖はあまり使われず、より脂肪を使おうとする仕組みが働いています。全体のエネルギー消費に対して、糖が1／3くらい、脂肪が2／3くらいの割合です。

強度が上がると糖を使う　図12

　では運動すると、糖と脂肪の使い方はどうなるでしょうか。

　運動するとそれだけ安静状態よりもエネルギーが必要になります。糖の利用量は運動強度が上がれば増えます。いっぽう脂肪も運動強度が低い間は、実は利用量が増えていきます。運動強度が上がれば上がるほど、脂肪の利用が減るのではありません。ウォーキングからゆっくりとしたジョグくらいの強度範囲では、強度が上がったほうが糖だけでなく脂肪の利用も増えます。

　しかしさらに強度が上がってくると、糖の利用がさらに高まり、脂肪の利用は減っていくようになります。単純に言えば、安静では糖の利用を抑えてい

図12　糖・脂肪からのエネルギー消費量と運動強度との関係

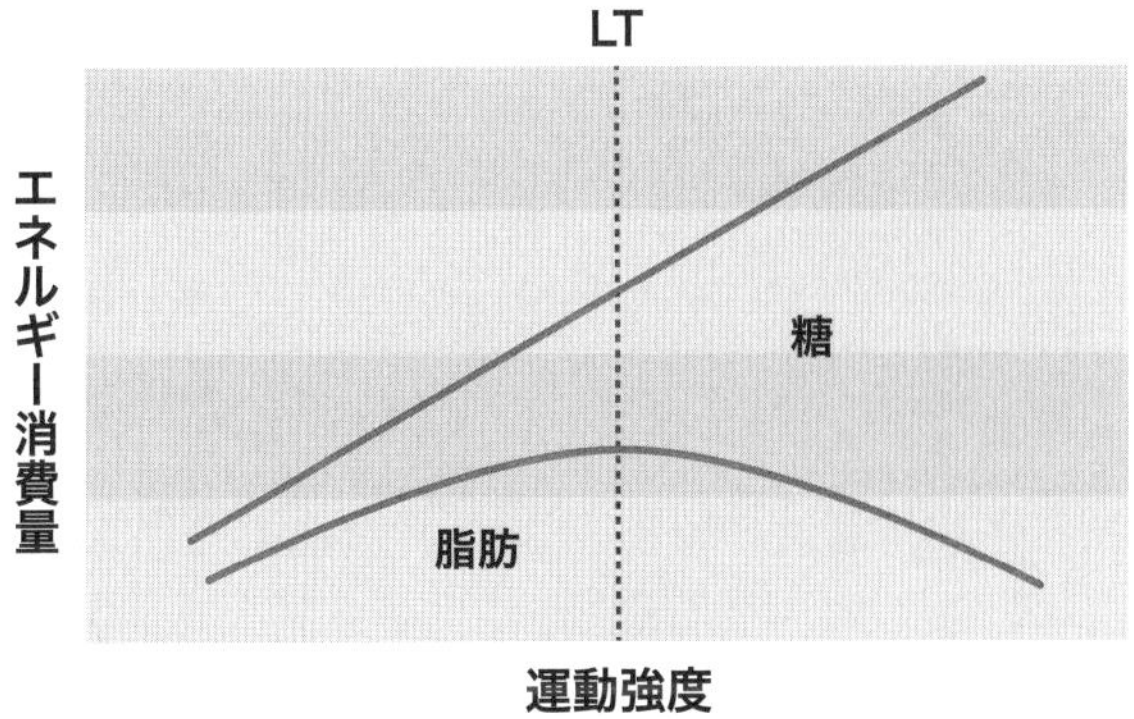

ある運動強度から糖の利用が高まり、
脂肪の利用が下がる

たのが、運動強度が上がってくると脂肪では間に合わなくなってきて、使いやすい糖にエネルギー源がシフトするということです。

ただし科学的になぜこのような現象が起こるのかを説明するのは、実は簡単なことではありません。糖の利用が増えるから脂肪の利用が減るとも言えるし、逆に脂肪の利用が減るから糖の利用が増えるとも言えます。運動強度が上がると糖の利用を増やすようなことと同時に、脂肪の利用は減るというか、減らさざるを得ないようなことが起きています。その詳しいメカニズムを説明するのは、本書の範囲を超えますし、かなりの推論が入ります。

糖の利用が増えると乳酸の閾値《いきち》ができる 図13

この糖と脂肪の使い方の変化は、徐々に起こってもよいのですが、実際には、ある強度から急に起こるように見えます。そしてその強度は、運動強度に対して乳酸が多く出始める強度でもあります。

歩くような速度から、例えば3分走って採血し、また少し強度を上げて3分走って採血して、を繰り返していくと、歩くような速度では安静時とほとんど変わらなかった血中乳酸濃度が、急に上がっていく強度があることがわかります。

図13　運動強度・血中乳酸濃度の関係とLT

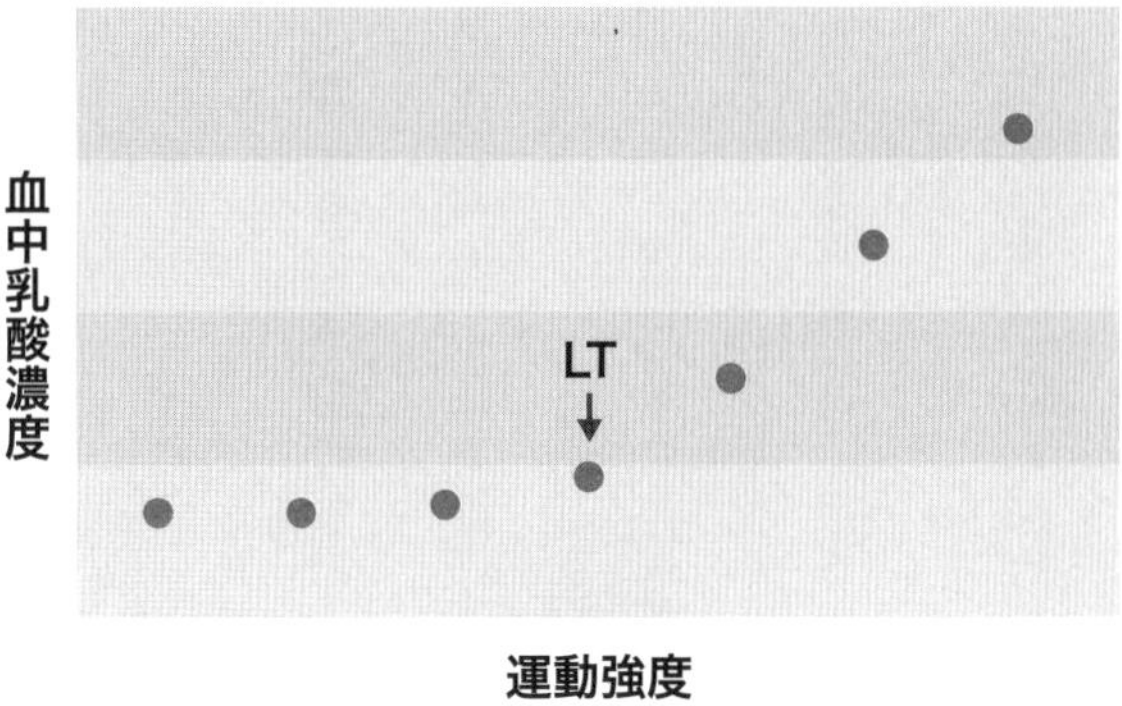

血中乳酸濃度が急に上がる運動強度がLT

ある変化点から急に反応が起こるようなことがあると、その変化開始点のことを閾《しきい》となる値という意味で、閾値と呼んだりします。この場合は乳酸の閾値であり、英語で乳酸はLactate、閾値はThresholdと言うことから、乳酸の閾値はLactate Threshold、略してＬＴ《エルティー》と表記します。和訳では、乳酸性作業閾値あるいは乳酸閾値とも言います。

乳酸というのは、糖を使う途中でできるものでした。糖を使うときには、最初の糖分解と最後のミトコンドリアでの利用とに差ができやすいので、その差分を反映して、途中でできるのが乳酸と言うことができます。つまり糖を多く使おうとすると乳酸ができ、脂肪の利用が減り糖の利用が増える強度からは、乳酸が多くできるようになります。乳酸は筋肉でできて血液に出てくるので、血液の乳酸濃度を測ってみると、この乳酸が多くできる強度から急に血中乳酸濃度は上がっていくようになります。LTはこのように、血中乳酸濃度が急に上がり始める運動強度です。また脂肪の利用が減り、糖の利用が急に増えるようになる運動強度でもあるのです。

負担が上がりきつくなり始める強度がLT 図14

運動強度に対して血中乳酸濃度が急に上がり始める現象、すなわちLTは、マラソンと非常に関係が深い現象です。LTより上の強度で乳酸ができて糖を多く使うということは、LTより上の強度で走っていると、マラソン後半に糖が減ってくるということです。またLTより上の強度では、きつさが出るとされています。感覚のことですから、誰でもそうなるとは言い難い点はあるものの、運動強度が上がると運動がきつくなるのは間違いないことですから、そのきつさが出るかどうかの境目がLTということです。

LTの運動強度は「ややきつい」（主観的運動強度の13）とされていますので、それより上の強度では「きつい」ということになります。LTから上の強度では、身体の負担が高くなるということでもあります。運動強度に対して、エネルギー消費量は比例して上昇しますから、速度が2倍になれば、

図14　LTと主観的運動強度の関係

主観的運動強度
(RPE＝Ratings of Perceived Exertion)

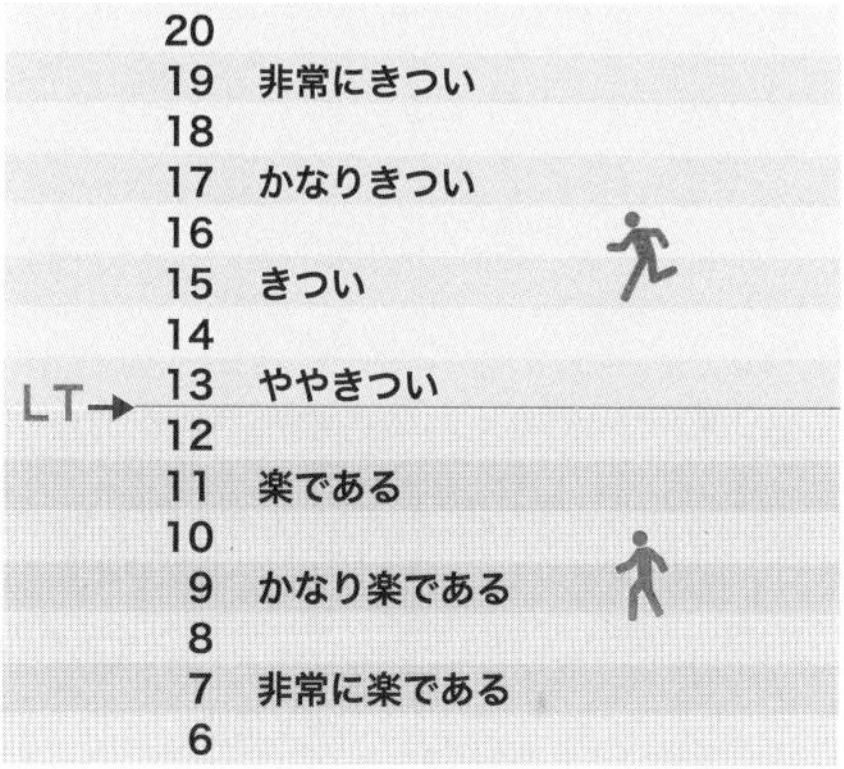

	20	
	19	非常にきつい
	18	
	17	かなりきつい
	16	
	15	きつい
	14	
LT→	13	ややきつい
	12	
	11	楽である
	10	
	9	かなり楽である
	8	
	7	非常に楽である
	6	

13（ややきつい）がLTに相当する

消費するエネルギーも2倍になります。

ところが、身体の負担度は速度には比例しません。ＬＴまではきつくなく負担も小さいのが、ＬＴを超えると負担が高くなるのです。またＬＴくらいの強度から、アドレナリンが出るようになります。アドレナリンは緊張するときに出るというイメージがありますが、その働きは基本的には、緊急な事態に対応するということです。運動強度が高いということは、たくさんエネルギーを供給する必要のある大変な状況とも言え、アドレナリンが出ます。アドレナリンには、糖の分解と利用を高める働きがありますから、ＬＴを超えてからアドレナリンが出るということは、ＬＴを超えると糖の利用が高まり、乳酸ができるようになる理由の1つです。

ＬＴは快調のしるしでもある 図15

ＬＴは感覚としては「ややきつい」ですが、いっぽうで実は「快調だな」という感覚でもあります。面白いことに、自分のペースで自由に走っていて、今日は調子がよいといった感じで走れているときは、ＬＴの強度くらいで走っていることが多いのです。走っているときに快さが感じられること（ランナーズハイと呼ばれる）はよく知られていますが、この快さには、アドレナリンを分泌する過程でできるホルモンが脳に作用することと関係しているとも考えられています。

またＬＴは、走りの効率がよくなる強度とも言えます。遅い速度での走りは、実は、効率はあまりよくありません。速度を上げてＬＴくらいになると、効率的な走り方になり、ＬＴを超えると、もう走りの効率はそれ以上は高まらなくなるようです。つまり遅い速度で走っていると、走り方に遊びがあって効率はあまりよくないのですが、速度が上がるにつれて効率がよくなることで対応していくと考えられます。

ところがＬＴを超えると、走りの効率を上げるのは限界にきてしまい、負担が大きくなって「きつい」という感覚になってしまいます。すなわちＬＴは、効率がよい走り方ができている強度なので、「快調だな」といった感覚にもなるのです。

図15 LTは快調のしるし

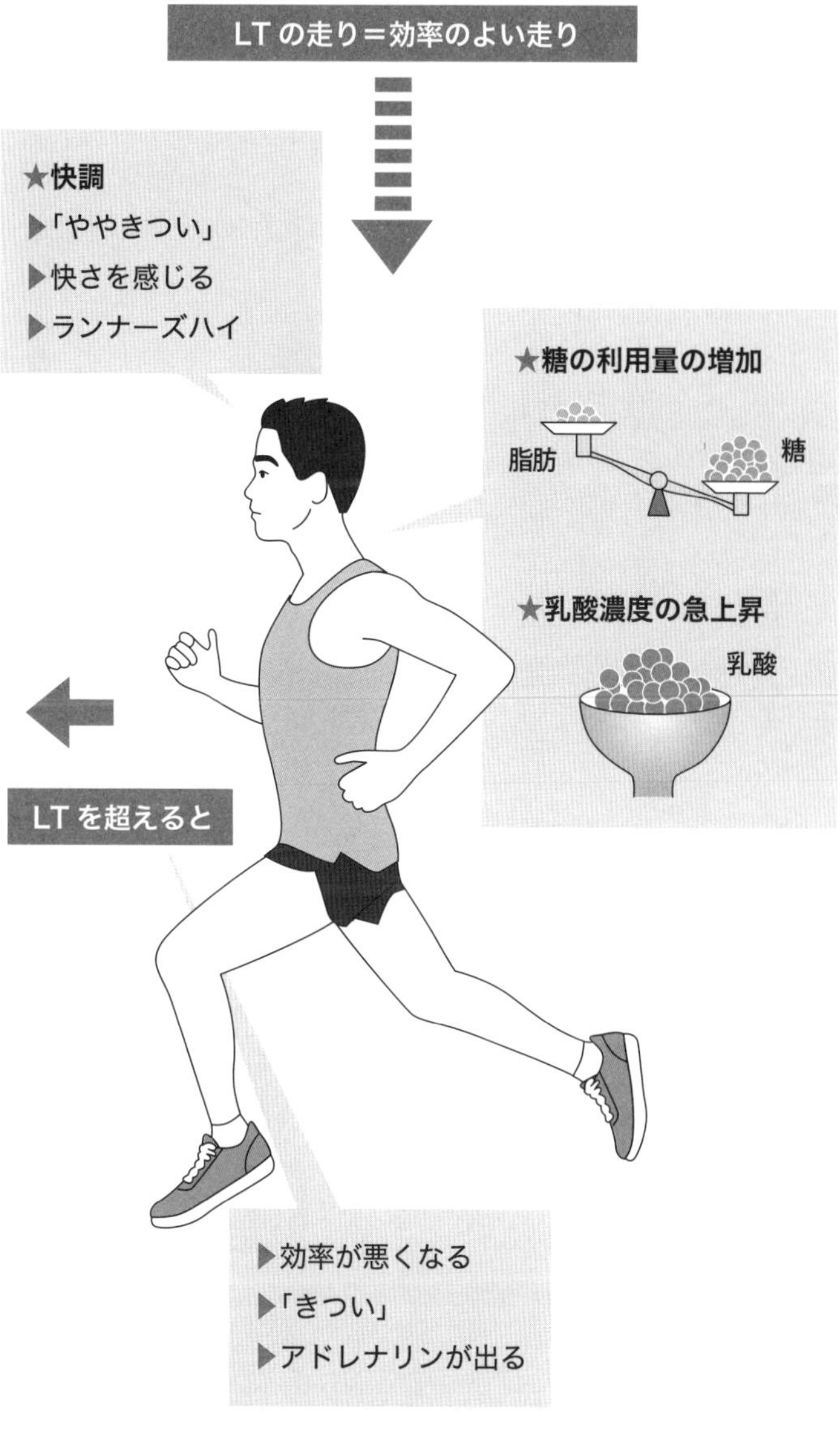

乳酸は疲労の原因ではなく結果

ＬＴを超えてさらに強度が上がれば、それだけ脂肪の利用が減り、糖の利用が高まります。血中乳酸濃度も高くなります。

例えばマラソンのペースだと、血中乳酸濃度は2〜4ミリモル〈mmol/ℓ：モル〈mol〉は物質濃度の単位〉くらいの濃度ですが、１０００ｍのペースであれば3〜5ミリモル、５０００ｍで4〜7ミリモルくらいになります。強度が高い運動のほうがより血中乳酸濃度が高くなり、きつくもなります。これまで乳酸は疲労物質と呼ばれており、疲労の素とされてきました。では強度が高くなると、より乳酸ができることが原因でよりきつくなるのでしょうか。実際には、乳酸は疲労を起こすというよりは、疲労するような運動をしているので、それに対処しようとしてできると考えたほうがよいのです。乳酸は糖からできます。強度が高い運動ほど身体の負担が高いので、糖を多く分解して、使いやすい乳酸を作ります。また乳酸があるほうが、筋収縮がよくなり、さらには強度の高い運動でカリウムが筋内から漏れ出すことによって起こる筋収縮低下を、防ぐことができます。

つまり乳酸には疲労を起こすどころか、反対に疲労を防ぐ働きがあります。このように乳酸は疲労の原因ではなく、疲労をするような運動をしている結果としてできるものなのです。

消防車と火事の関係で考える　図16

これまでは、乳酸は酸であり、乳酸ができることで体内が酸性になる、だから疲労する、というような説明がなされてきました。

実は最近では、乳酸ができることで酸性になるということ自体が疑われています。このことは今後の研究を待つとして、乳酸が酸であるとしても、体内には酸を中和する働きもしっかりしています。例えば高強度運動をしても、血液が酸性になることはまずあり得ず、筋肉内で多量の乳酸ができたとしても、弱酸性レベルになるくらいです。

前項で説明したように、乳酸には、筋収縮を高める、カリウムが漏れ出す悪影響（筋収縮低下）を防ぐ、あるいは使いやすいエネルギー源を供給

図16　疲労と乳酸の関係

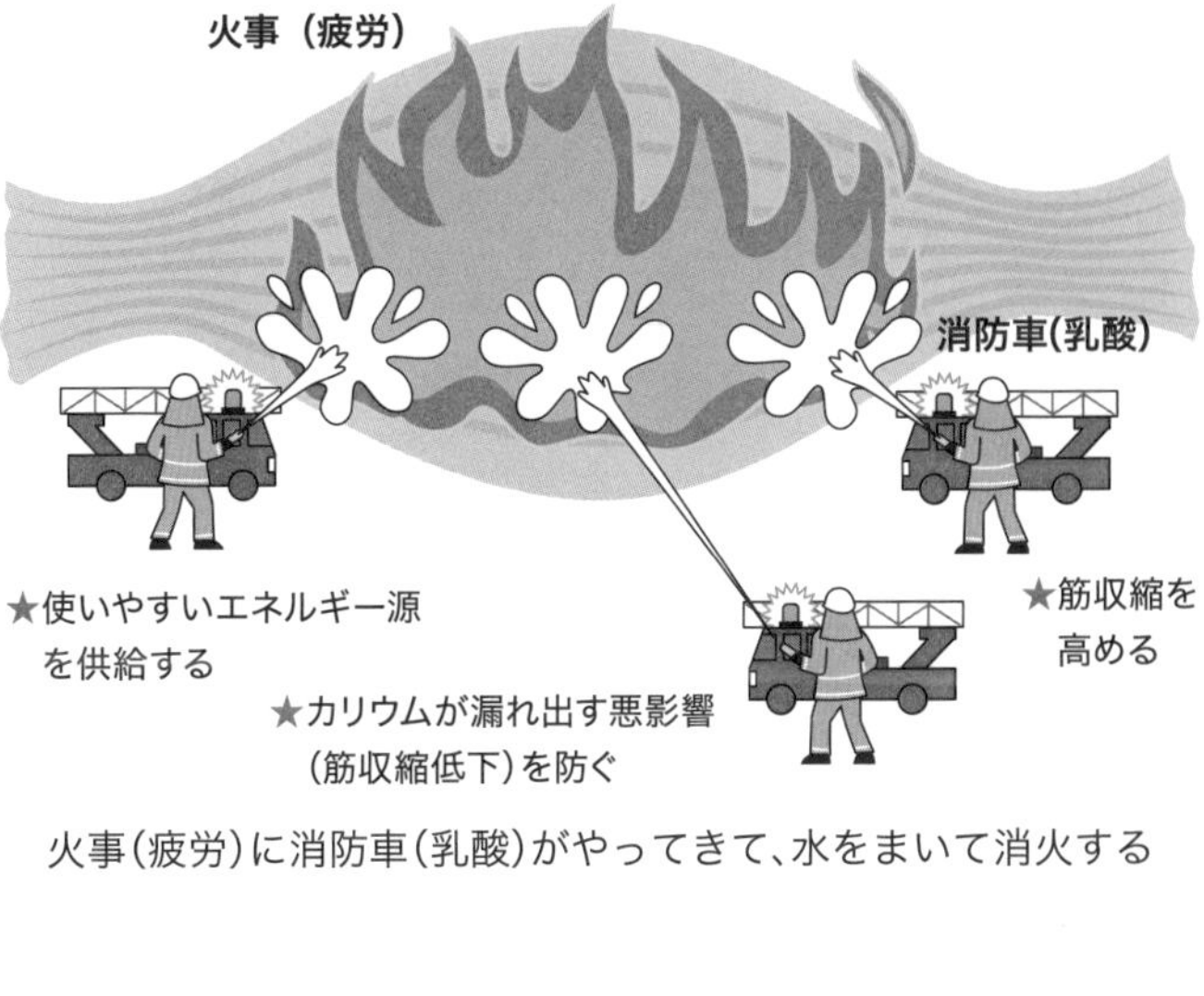
火事（疲労）
消防車(乳酸)
★使いやすいエネルギー源を供給する
★カリウムが漏れ出す悪影響(筋収縮低下)を防ぐ
★筋収縮を高める

火事(疲労)に消防車(乳酸)がやってきて、水をまいて消火する

する、といった疲労を防ぐ働きが備わっています。したがって筋肉が乳酸によってはなかなか酸性にならないどころか、実のところ運動に関しては乳酸が疲労を防ぐ働きに大きく影響しています。

マクアードル症候群という、筋肉でグリコーゲンの分解ができない疾患の患者さんでは、乳酸はできませんが、強度の高い運動もできません。

疲労と乳酸の関係は、例えとしては、火事と消防車の関係で考えることもできます。すなわち、火事が大きいから消防車がたくさん来るのであって、たくさん消防車が来るから火事が大きくなるわけではありません。そして、消防車は火を消すために水をまきます。消防車が乳酸とすれば、消火のための水によって水びたしにもなるということです。これまでは、その水びたしというところだけを見てきて、火を消すというところを見てこなかったのです。

強度の高い運動がきついのはなぜ 図17

LTをかなり超えるような強度の運動がきついとなる原因は何なのでしょうか。実は単純に「これが原因だ」、ということが言えるわけではありません。疲労というのは、いろいろなことが関係して、複合的に起こる現象です。

例えば筋内に多くあるカリウム（血液中には少ない）が漏れ出し、ナトリウムが入りこむことも、疲労の原因の１つです。また強度の高い運動では、リン酸（無機リン酸）や活性酸素といったものが筋内に出てくることもその１つです。これらは筋肉が収縮するために必須であるカルシウムの働きを阻害します。糖や脂肪からたくさんのＡＴＰを作れば、二酸化炭素が多くでき、二酸化炭素は呼吸を刺激するので息が苦しくなり、強度が上がると呼吸困難感が出てきます。

強度の高い運動をするときの体内ではいろいろなことが同時に起こり、きつくなってきます。科学が進めば進むほど、疲労にはいろいろな原因があるということがわかってきて、疲労の原因について、簡単には言えなくなっていくと私は考えています。

図17 筋疲労の原因

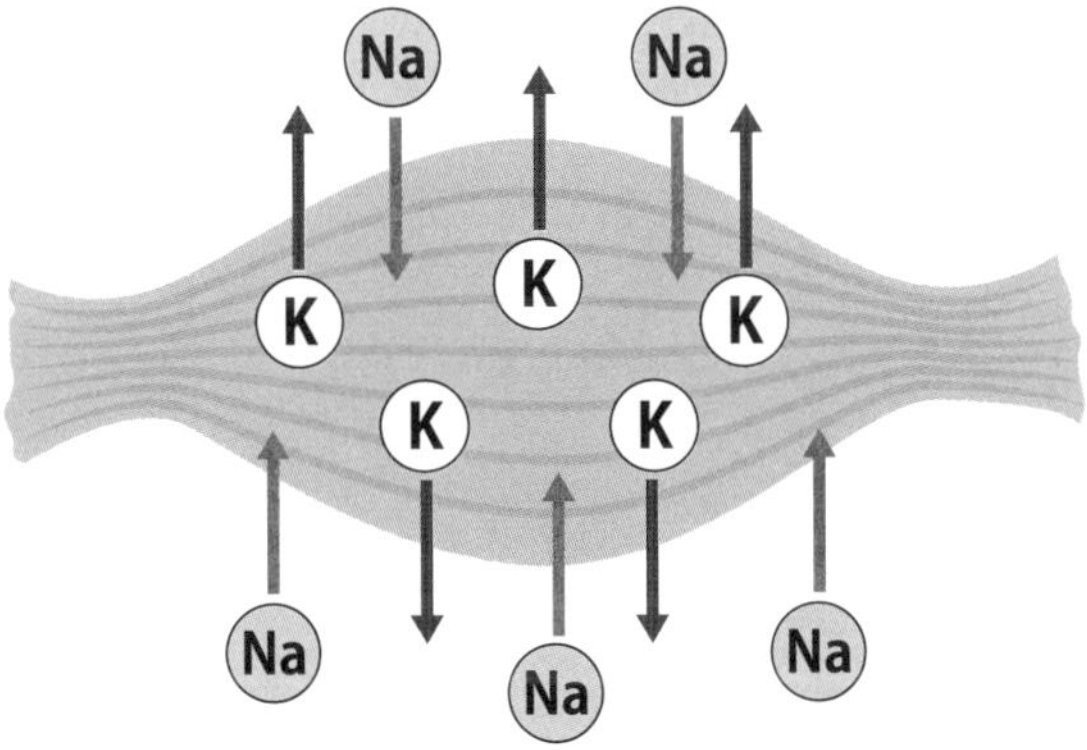

筋内には、カリウム（K）が多く、ナトリウム（Na）が少ない。
カリウムが漏れ出しナトリウムが入り込むことが、疲労の1つの原因となる

マラソンはLTを第一に考える 図18

言うまでもなく、マラソンは42㎞を走るのですから、長時間運動し続け、その結果として糖が減ってくる競技です。途中できつい状態に陥ってしまうと、そのペースでは走り続けられません。さらには、きつい状態では糖を多く使いますから、強度としてきついということと、糖を多く使ってしまうという両方の意味で、LTを大きく超えるような高い強度では走り続けられません。

したがってマラソンでペース設定をする際には、LTを第一にして考えることになります。ただし走り慣れている選手の場合は、LTだと少し物足りない速度に感じられるので、LTよりも少し上くらいのペースで進めていくことが多いでしょう。そのよ

図18 血中乳酸濃度が4ミリモルになる強度がOBLA

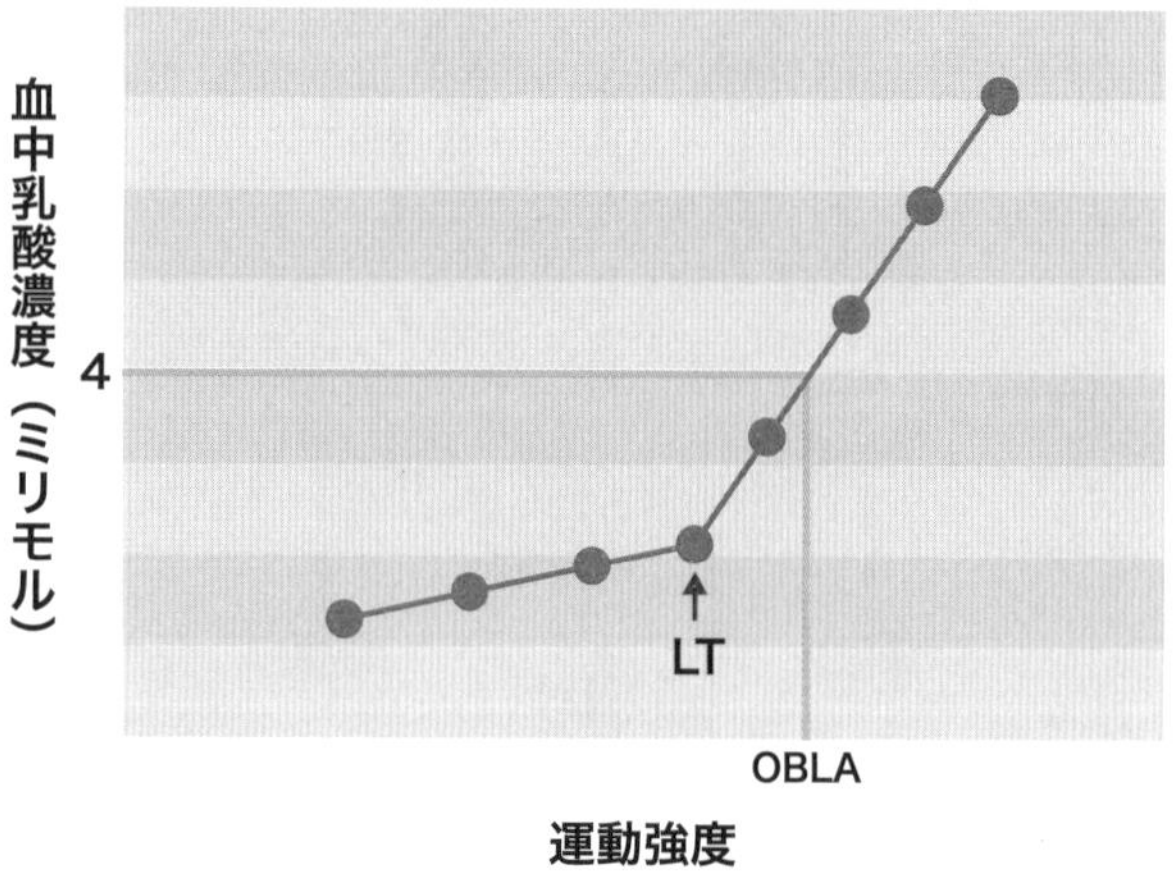

うな選手の場合、血中乳酸濃度が4ミリモル程度の強度がマラソン速度とよく言われ、この強度のことをOBLA《オブラ》（Onset of Blood Lactate Accumulation）と呼んだりしています。

いっぽう市民ランナーの場合は、LTよりもさらに抑えた遅いペースでいくこともあります。市民ランナーの場合はトレーニングされていないので、選手よりも脂肪利用能力が低いですし、また糖の枯渇だけではなく、筋肉や関節が痛くなって走れなくなるということがあり得るからです。

3 運動時間の影響

30kmの壁が示していること

ここまでは、基本的には運動強度に関連した話でした。マラソンで言えば、スタート後の前半のペース設定に関連した話と考えることができます。ここからは、走り続けてマラソンの後半になるとどのようなことが起こるのかを考えてみます。

キーワードは「30kmの壁」です。30kmくらいからぱったりと足が止まってしまうことを言うのですが、そこでマラソンは終わりではなく、まだ12kmあるのですから、なんとか足が止まらないようにするのが重要です。30kmになると足が止まるということは、逆に言えば、30kmまではあまり大きな変化なく走り続けられるとも言えます。

ではその30kmの壁は、いったい何が原因で起こっているのでしょうか。その大きな原因の1つは、マラソンのエネルギーマネジメントとして最も重要な要素である、糖の貯蔵量が減ってくるということです。その影響が30kmあたりから大きく出始めるのです。

糖がないと足が動かない

マラソンの主たるエネルギー源は、糖と脂肪です。糖の体内貯蔵量は少ないのですが、脂肪はたくさんあります。そうすると糖が減っても、脂肪が残っていれば脂肪だけで走れると考えてしまいそうですが、実はそれができないのが身体なのです。

その1つの理由は、脳の主たるエネルギー源が糖なので、血糖値が下がってくると脳が働けなくなるということです。もう1つは、筋の収縮に糖が必須であることが関係しています。すなわち、すでに出てきましたが、筋肉が力を出すには、筋小胞体からのカルシウムの出入りが必須です。そしてそ

コラム①

美濃大返しで秀吉は糖の重要性を認識していたかも!?

豊臣秀吉は、賤《しず》ヶ《が》岳《たけ》の戦いで柴田勝家に勝って天下をほぼ手中にしたことが知られています。この賤ヶ岳の戦いの前に、「美濃大返し」と呼ばれる半日でマラソンを超える長距離の移動がありました。諸説ありますが、概略は大垣城にいた秀吉に、柴田軍が進出してきたという知らせが入り、午後2〜4時くらいに出発し、その日のうちに52km離れた琵琶湖北岸地域の木ノ本まで5〜8時間くらいかけて移動したようです。このとき秀吉は途中の家々に握り飯を準備させて、通り過ぎる兵士には食べたいだけ食べさせたということです。

そこである番組企画で、実際に同じ大垣城—木ノ本52kmを走ってもらう実験に協力しました。まずLT測定をし、少し余裕のあるランニングペースを決めました。そして秀吉に倣って途中何か所か休憩点を作り、そのたびに握り飯は食べてよいことにしました。あとは水だけにして、スポーツドリンク等の糖分は摂っていません。

その結果、当時と同じと考えられるコースを、走行時間はほぼ6時間、休憩を入れても7時間ちょっとで走破できました。休憩ごとにチェックした血糖値はよく保たれていました。ただし血中乳酸濃度は低いままで推移していて、長時間運動で糖が減ってきて乳酸もできにくくなっていることが確認できました。そこで到着してからさらに糖を補給したとしても、次の戦いに向けて体内のグリコーゲン量の回復は十分ではないことも予想されました。

おそらくこの美濃大返しは、秀吉軍のすばやい予想外の大移動で、柴田軍を驚かせ奇襲する意図が強かったようにも思われますが、秀吉はこのときすでに長時間運動における糖補給の重要性をわかっていたということになります。

この背景には「中国大返し」とも呼ばれる、本能寺の変を知ったあとに岡山から200kmを移動して山崎の戦いを行った経験があり、それをふまえて事前に練っていた作戦だったと思われます。この時代に万の単位ともいう兵士たちが、マラソンよりも長い距離を半日かけずに移動したというのは驚きです。今の大規模市民マラソン大会を、いきなりやってしまったわけですね。

(協力:アマゾンラテルナ「風雲! 大歴史実験」)

のカルシウムの働きには、そのエネルギー源としてグリコーゲンが必要であり、その結果、糖が少なくなってくるとカルシウムの働きが悪くなって、足が動かなくなるのです。

確かに腹が減ってはいくさはできないと言いますし、腹が減ってはマラソンは走れません。豊臣秀吉はこの糖の重要性を理解していたようです（**コラム①**）。

走るときのエネルギー消費量 図19

では、マラソンでどのくらいの糖を使うのか、ということについて考えてみましょう。

それにはまず、走るときのエネルギー消費量を知る必要があります。厳密にはそのときの酸素摂取量を測定することが必要です。酸素摂取量の1ℓあたりで、ほぼ5キロカロリーのエネルギー消費量となります。しかし大まかであれば、もっと簡単に走る際のエネルギー消費量を知る方法があります。それは、走るときのエネルギー消費量を、距離1km、体重1kgあたりおよそ1・0キロカロリーとみなして計算する方法です。例えば体重60kgの人が5km走ったら、60×5で300キロカロリーのエネルギー消費量ということです。もちろん、坂があったり追い風や向かい風の状況だったりすると、本来エネルギー消費量は変わるものです。あくまで非常に大まかにエネルギー消費量を考えるならばです。

これで面白いのは、走るときのトータルのエネルギー消費量は速度にはよらないということです。すなわち走るコースが同じであれば（距離が同じなら）、速く走っても（早くゴールに着く）、ゆっくり走っても（遅くゴールに着く）、消費エネルギーがほぼ一緒になるのです。この方式で体重60kgの人のマラソンのエネルギー消費量を計算すると、60×42・１９５ですから、２５００キロカロリー程度ということになります。

なぜヒトが走る場合には、エネルギー消費量がこのような単純な関係にあるのかは、よくわかりません。ただし、ヒトではアキレス腱のような長い弾力ある腱が発達していることによって、このようなヒトにしか見られないエネルギー消費量と速度の関係がもたらされている、という考え方もあるようです。

図19　移動距離と計算上の大まかなエネルギー消費量（キロカロリー）

体重(kg) ＼ 移動距離(km)	5	10	15	20	25	30	35	40	42
40	200	400	600	800	1,000	1,200	1,400	1,600	1,680
45	225	450	675	900	1,125	1,350	1,575	1,800	1,890
50	250	500	750	1,000	1,250	1,500	1,750	2,000	2,100
55	275	550	825	1,100	1,375	1,650	1,925	2,200	2,310
60	300	600	900	1,200	1,500	1,800	2,100	2,400	2,520
65	325	650	975	1,300	1,625	1,950	2,275	2,600	2,730
70	350	700	1,050	1,400	1,750	2,100	2,450	2,800	2,940
75	375	750	1,125	1,500	1,875	2,250	2,625	3,000	3,150
80	400	800	1,200	1,600	2,000	2,400	2,800	3,200	3,360

マラソンでの糖の消費量は

そこで、体重60kgの人でマラソンのエネルギー消費をさらに考えてみます。エネルギー消費量が2500キロカロリーだとすると、ゴールまでにどのくらい糖を使うのでしょうか。

単純にLTレベルで走りきるとすると、LTでの糖と脂肪の使い方は1：1程度であることからすれば、糖の利用量は2500キロカロリーの半分である1250キロカロリー程度となります。糖の貯蔵量が2000キロカロリー程度であることを考えれば、ゴールまでに糖貯蔵量の2／3程度を使ってしまうことになります。いっぽうでまだゴールの時点でも、750キロカロリーの糖が残っていることにもなります。しかしそれなのに、最後まで走りきることが難しいのが現実です。

実は糖の貯蔵量がゼロになるようなことはあり得ません。蓄えていた糖の2／3を使ってしまうことは、身体に大変大きな影響をもたらすと考えられます。単純に42kmの間、一定の割合で糖を使い続けるとすると、30kmというのは42kmの7割くらいの距離になります。ゴールまでに使う糖1250キロカロリーの7割にあたる約900キロカロリーくらいの糖を使った時点で、30kmの壁にぶち当たるということになります。900キロカロリーは糖の貯蔵量（2000キロカロリー）の4割ちょっとくらいですから、まだ糖はゼロではありませんが、それでも影響が出ることになります。すでに出てきましたが、グリコーゲンを通常量の1／3くらいを使って、残りが2／3程度になったあたりから筋収縮に影響が出始めると私は考えています。

まだ糖が少しは残っていたとしても走れない 図20

こうしたことからすると、糖の貯蔵が2000キロカロリーあるとして、その1／3から半分を使ったくらいで足が止まり、その中でなんとか頑張ってゴールにたどり着くときには、通常の1／3くらいしか糖が残っていないというのがマラソンということです。

ただし身体には防御機構があり、本当に糖がゼロになるまで走り続けるということはあり得ませんので、これまでの計算は、あくまで単純に一定のLTペースで進んだと仮定した場合です。

もし前半にLTよりも速いペースで入ったり、ペースの上げ下げによってより糖を使った走り方をすると糖の残量が変わってくるので、もっと早い段階で影響が出ることもあります。トレーニングを積んだ選手であれば、脂肪利用能力が高く筋グリコーゲン貯蔵量も少し増えているので、後半でも足が動くことが考えられますが、同じトレーニングを積んだ選手であっても、最初からLTよりも速い速度で走る場合には、そのことで糖の利用が高まるので、30㎞くらいで足が止まることもあり得ます。

図20 計算上の糖残量がおよぼす走りへの影響

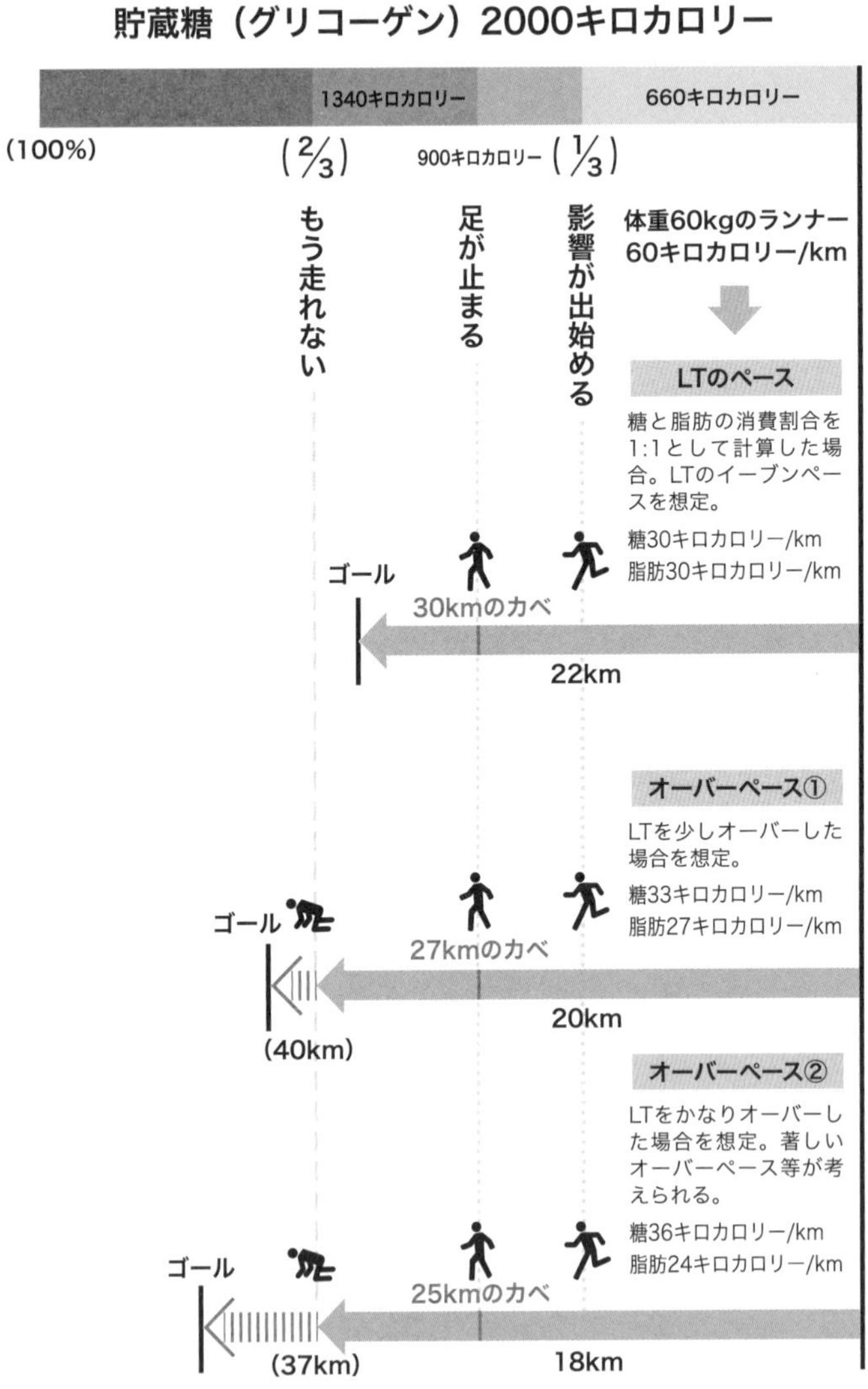

糖の貯蔵量が増えたら

糖の貯蔵量を、トレーニングや食事によって少しでも増やすことができれば、ゴールまで糖を残せる可能性は高まります。

例えば２０００キロカロリーだった糖の貯蔵量を、２５００キロカロリーにできたとしたらどうでしょうか。ＬＴでの糖と脂肪の使用比率が１：１で、ゴールまでそのＬＴ速度でいったとすると、糖の使用量は１２５０キロカロリーですから、ゴール時点で１２５０キロカロリー残っていることになります。30㎞の壁を迎えるのは、糖の残りが１１００キロカロリーくらいになってからでしたから、これならば壁にぶち当たらずにゴールできることになります。ただし、前半から速く入ったりペースの上げ下げで糖をさらに使ってしまうことがあると、余裕をもってゴールとはいかなくなります。

ともかく、糖の貯蔵量を増やすのは、マラソンにとって非常に有効なのですが、いっぽうでそれは簡単にできることでもありません。糖の摂取量を増やせば、それで単純に貯蔵量が増えるとは言いきれないからです。このことは、「第3章　マラソン前の準備」のグリコーゲンローディングのところで、再度取り上げます。

ペースを上げると糖分解が高まる

乳酸ができるかどうかは、酸素があるかないか、あるいはミトコンドリアが働いているかどうか、で決まるわけではありません。

前述のように、酸素がないという状態はあり得ません。ミトコンドリアはいつも働いている中で、糖の分解が高まって一時的に糖の流れが渋滞し、ミトコンドリアに入りきれないことによって乳酸ができるのでした。

そうすると、糖の分解はどんなときに高まりやすいのでしょうか。それは急な強度の変化があったときです。強度が急に上がるとＡＴＰをよりたくさん利用するので、ＡＴＰの利用と合成のバランスが崩れます。そうすると糖の分解が高まり、乳酸がそれによって多くできるようになります。急に強度が上がるような変化に対して、身体は糖を分解して備えようとするということです。糖の分解が多いと、それだけ糖が余計に減ることになります。強度を変える、すなわちペースを上げるということは、それだけ糖を使ってしまうことになります。

マラソンは糖が減ってくる競技ですから、最後まで糖を残すには、ペース変化をしないほうがよいということです。

ペースの上げ下げは足にくる

マラソンのテレビ中継を見ていると、中盤まで集団の後ろのほうにいてあまり映らなかった選手が、後半に集団がばらけてくると先頭に出てきて勝ってしまう、ということがよくありました。集団の後ろでペースの上げ下げの影響を受けないようにすることは、マラソンに勝つための大事な方法です。

最近のメジャーなマラソンでは、30㎞くらいまでは事前に決められた一定のペースでペースメーカーが走ることになっていますから、ペースの上げ下げが起こりにくい状況が作られます。有力選手はペースメーカーについていけばよいので、記録が出やすくなるわけです。ただし給水所が近づくと、自分の給水ボトルをとるために、結果的にペースが一時上がるということもよく見られます。そしてそれを何度も繰り返しているうちに足にきてしまった、ということもよく聞きます。理由が給水であっても、ペースを上げることは糖の分解を高めて、結局は足にきてしまうのです。

スパートは1回で決めろ

急にペースを上げるスパートも同様です。スパートではより糖を利用するので、何度も繰り返すと結局糖が減ってきて、足が止まってしまいます。したがって望ましいのは、スパートするならば1回で決めるということです。

よく見られる坂道でのスパートは、そのためにおこなわれます。ただでさえ強度が上がる坂道でスパートをしかけることによって、1回のスパートで決める状況を作り出すことができるからです。ペースメーカーがいる大会が増えましたが、オリンピックや世界選手権ではペースメーカーはいません。そのような大会ではスローペースの展開になっていくことも多く、そこで勝つためには余計に、スパートをどう決めるのかが勝負ということになります。

2000年シドニー五輪で高橋尚子選手が金メダルを取りましたが、あのときも最初はスローペースでした。高橋選手は17～18kmくらいで一度スパートして集団が3人になり、その後またスパートして並走していたシモン選手を振り切り、独走になりました。しかし終盤はかなり追い上げられ、実は最後はぎりぎりの勝利だったのです。スパートを2回したから勝てたのですが、その2回のために、最後は追い上げられたと思われます。

最初のごちゃつきをあせらない

スパートは競技レベルでの話なので、市民ランナーの場合は、相手に勝つことよりも、自分自身の後半のペース低下を抑えることが第一でしょう。そのためには、とにかく一定のペースでいくことを心がけるようにすることです。スタート直後のごちゃつきをあせらないで乗り切り、最初の5kmあるいは10kmまで、落ち着いていくことが大変重要です。大きな大会であれば、数万人のランナーが走ります。多くの場合、タイム順に並んでいるとはいっても、あくまで申告タイムです。その日の体調によって、本来のペースよりもゆっくりいこうという人もいるので、スタート後しばらくは混乱しますが、そこであまりあせらずに落ち着いて入ることも、一定ペースを守るうえでは大切になってきます。

前の人を右に左にかわしながら前に出ていこうとする動きは、糖の分解を当然高め、しかも右左への動きは筋肉の働き方が違ってくるので、本来あまり使わない筋肉まで使うことになります。糖の減少との戦いと言えるマラソンでは、最初に限らず、カリカリして余計な動きやペースの上げ下げをするのは、それだけ無駄に糖を使う可能性が高くなるので、あまりよいことではありません。

ハーフマラソンはゴールに向けて乳酸が増える 図21

当然ですが、ハーフマラソンの距離はフルマラソンの半分です。フルマラソンは後半の30kmに壁があるのですから、ハーフマラソンはその30kmの壁にぶち当たる前にゴールすることになります。

　すなわち糖にまだ少し余裕がある状態でゴールするということです。このことはハーフマラソンでは、糖の貯蔵量から言えばゴールに向けてさらに糖を使ってスパートできる余裕があるということになります。

　ハーフマラソンにおけるゴールでの血中乳酸濃度を測ってみると、高い値が出るのが通常です。最初のペースもフルマラソンより速いので、血中乳酸濃度も最初から少し高くなるのですが、終盤さらに糖を使ってペースを上げたり、あるいはペースの低下を抑えようとすることで糖の利用が高まるからです。またきつくなると、アドレナリンが出るので、肝臓の糖分解が高まり、血糖値も上がります。

　つまりハーフマラソンでは、糖にまだ余裕がある状

図21　ハーフマラソンにおけるグルコースと乳酸の血中濃度の変化

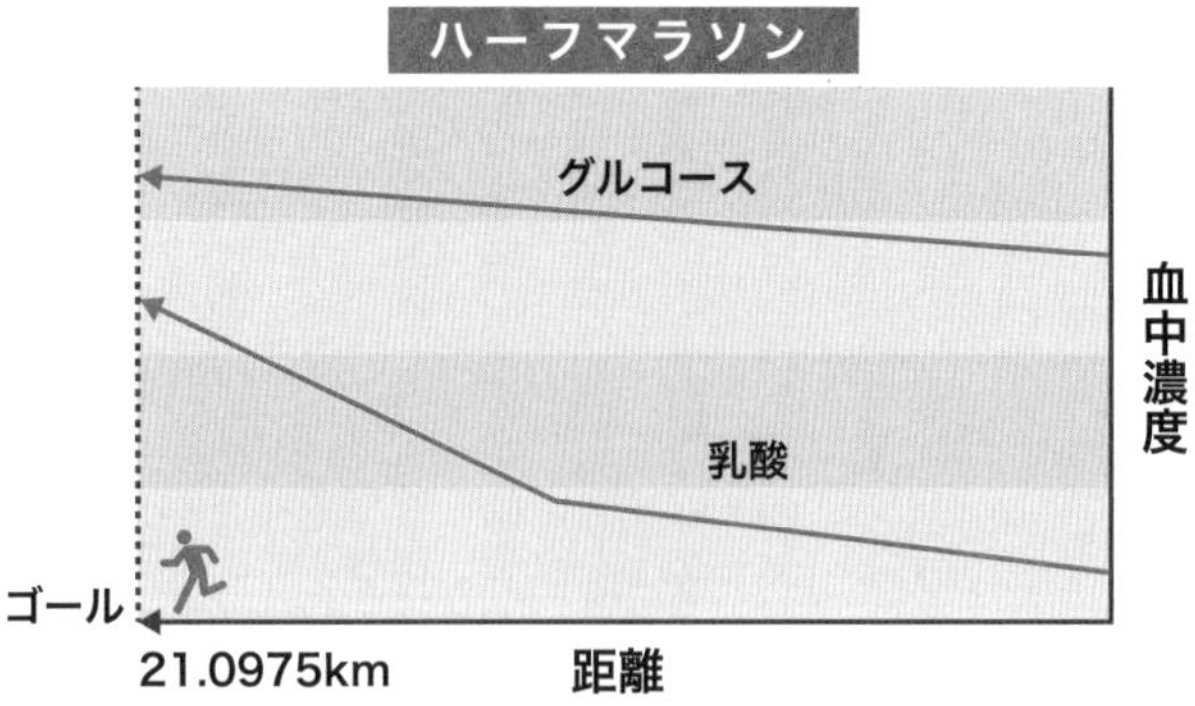

ハーフマラソン（21.0975km）では、ゴールに向けて
血中グルコース濃度や乳酸濃度は上がる

態でゴールするので、ゴールに向けてさらに糖を使い乳酸を作り、血糖値を上げていくことになるのです。見方を変えれば、ハーフマラソンのゴールのときに血中乳酸濃度がかなり上がっていたら、それだけ最後に頑張れた可能性があります。

マラソンはゴールに向けて乳酸は下がっていく 図22

これに対してフルマラソンは、糖が減っていく中で、ゴールまでいかに糖を残していくかという競技です。乳酸も糖からできるのですから、糖が減ってしまうとできにくくなります。したがって通常、ゴールに向けて血中乳酸濃度は上がらず、血糖値も下がります。また足も動かなくなるので、ペースも落ちます。もち

図22 フルマラソンにおけるグルコースと乳酸の血中濃度の変化

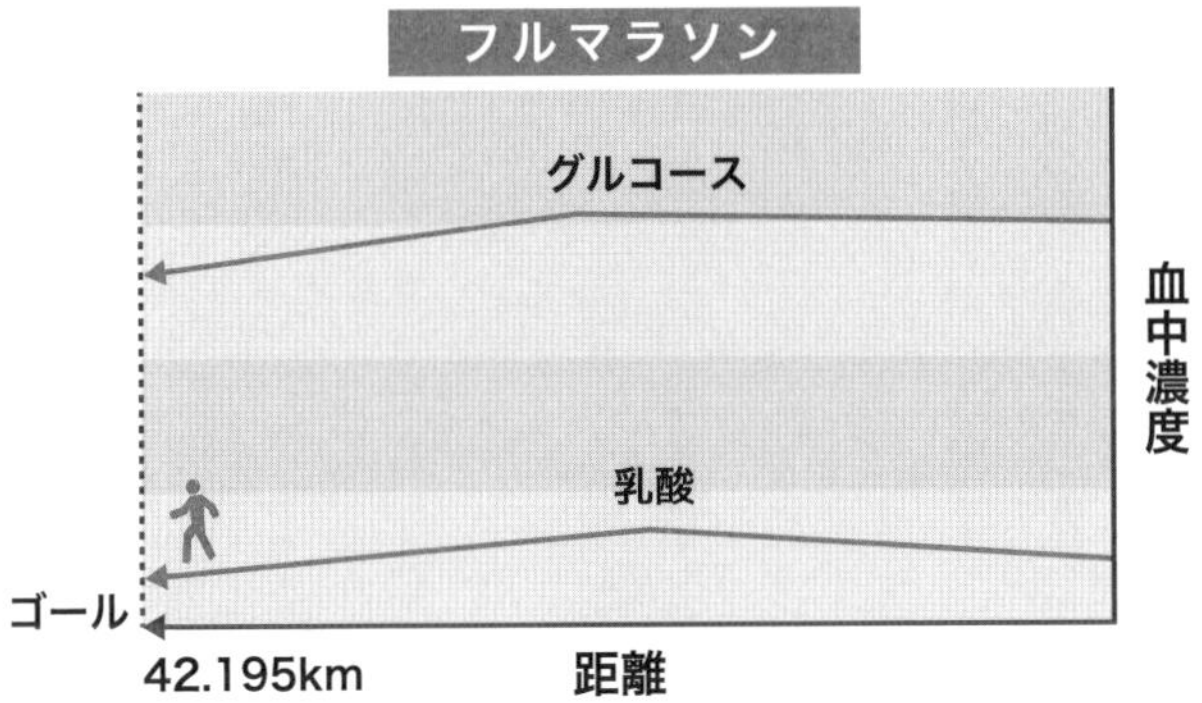

フルマラソン（42.195km）では、ゴールに向けて血中グルコース濃度や乳酸濃度は下がる

ろんうまく糖を残すことができれば、最後にさらに糖を使って血中乳酸濃度が上がってゴールということもあり得るでしょう。しかしそれは容易ではありません。

ハーフマラソンとフルマラソンは糖に関してはかなり違う競技

糖に少し余裕のある状況で、さらに糖を使いながらゴールするハーフマラソンと、糖が減ってしまってゴールするフルマラソンとは、糖に関して言えば、かなり違う競技です。

単に距離が倍になったというだけではありません。このことは、マラソンを走りきるためには意識しておく必要があるでしょう。例えばハーフマラソンは、最初少し無理して想定よりも速く入っていっても、ゴールまで押しきれるかもしれません。しかしフルマラソンでそれをおこなうと、通常は後半に足が止まってしまいます。いけるところまでいってやろうというのは、ハーフマラソンまでです。

トレーニングにしても、ハーフマラソンのトレーニングと、糖の保存をしっかり考える必要のあるマラソンのトレーニングは、イコールではありません。箱根駅伝で活躍した選手がフルマラソンで活躍できないとも言われますが、20㎞ちょっとの距離を走ることを専門にしていた箱根駅伝の選手が、ただちにフルマラソンをちゃんとは走れないのは当然です。

コラム②

箱根駅伝と筆者の関わり

テレビ視聴率から考えれば、一番人気の高い長距離走関連のイベントは、断然、箱根駅伝になると思います。この駅伝は関東の大学駅伝ですから、東大にも参加資格があります。実際に1984年の第60回大会では、東大が出場したことがあります。このとき私は大学院生でコーチでしたから、選手のあとについていく伴走車に乗って、箱根までの道を往復しました。コースは今もほぼ同様なので、今どこを走っているかすぐわかります。

その後、テレビ放送が始まってレベルが急激に上がり、東大がチームとして出場することはとても無理な状況が続いています。ただし、出られなかった大学から1人（以前は2人まで）出られる学生連合（以前は学連選抜）チームができたおかげで、監督だった2004年に松本翔選手、部長だった2019年に近藤秀一選手、2020年に阿部飛雄馬選手が出場しました。また10月におこなわれる予選会は、毎年現地に行っています。

このように箱根駅伝という大舞台に関われたことは思い出に残ります。ただし箱根駅伝はあまりに大舞台であるがために、まだまだ発展段階であるはずの大学生に、過大な精神的身体的ストレスがかかる危険性があります。本来は長距離、マラソンの能力は20代後半から30代に完成するものです。また本書で出てきたように、ハーフマラソンとフルマラソンは糖に関して言えばかなり違う種目です。駅伝はどの区間もハーフマラソン程度の距離を走るものですから、箱根で活躍した選手が、ただちにフルマラソンとはいかないのも当然です。

しかしマラソン選手のような練習量第一で考えがちなこと、シーズンオフがないことなど、考えるべき点は多々あります。学生はプロ選手ではないということも忘れてはならないと思います。

箱根駅伝は学生選手最高の大会として、出る側も見る側も思い入れの強い、思い出に残る大会ですが、将来につながる大会でもあってほしいものです。

第60回大会1区伴走車にいるのが筆者

後半にペースアップするのは素晴らしいが

最近の世界の男子マラソンは、2時間を切ることがあり得るのでは、ということになってきました。このことにはもちろん、靴の改良、低酸素トレーニング等のトレーニング方法の改良なども貢献しています。そして忘れてならないのは、繰り返しますがペースメーカーの存在です。

本来マラソンの後半は、糖が減ってペースダウンするはずなのですが、30㎞でペースメーカーがいなくなるとさらにペースアップし、前半よりも後半のほうがいいタイムでゴールするということがよく見られるようになりました。このように選手レベルでも、前半にペースメーカーについていって余計な糖消費をしないことが重要です。

市民ランナーでも同様に、後半のほうがペースアップするような走り方を目指すのは、1つのよいやり方です。ただしそのためには、最初のペース設定が非常に重要です。

例えば、東京マラソンは最初の5㎞までに下り坂があるので、いつもよりいいタイムで5㎞を通過し、今日は好調と思って入ったとしても、それでさらに調子に乗りすぎると、後半に足が止まることもあり得ます。ペースメーカーがいると思って一定ペースを意識し、余計なエネルギーを使わないようにすることです。

4 その他の要素の影響

アミノ酸を使うには窒素を外す

エネルギー源の基本は、糖と脂肪です。ではアミノ酸はどうなのでしょうか。

アミノ酸がたくさん集まったものがタンパク質ですから、アミノ酸の代謝とタンパク質の代謝は共通するところが多く、アミノ酸の代謝を考えることは、タンパク質の代謝を考えることに近くなります。そして一般的には、アミノ酸やタンパク質は筋肉などの身体を形作るものであり、エネルギー源ではありません。その大きな原因として、アミノ酸は窒素を含んでいるということがあげられます。

窒素はエネルギー源ではないので、アミノ酸を使おうとしたら、まず窒素を外すことが必要です。その際には尿素ができ、おもに尿から排泄されます。したがって例えば、タンパク質を取り過ぎると腎臓に負担をかけます。また窒素の一部はアンモニアになりますが、アンモニアは神経毒なので、身体にたくさんできると困ります。マラソンのような長時間運動になると、血中アンモニア濃度が後半上がってきて、それが疲労の原因となる可能性も考えられます。

アミノ酸もマラソン後半には使われる 図23

アミノ酸は肝臓で窒素を外せば、糖にすることができます。このことを糖新生と言います。

アミノ酸には炭素が2個あるいは3個ついているのが一般的で、小さくて糖に似ているところがあります。例えば飢餓状態になったりすると、筋肉のタンパク質が分解されて、アミノ酸を経て糖になって血糖値の維持に関わることもあります。極端な減食だけで体重を落とそうとすると、不足した糖を補おうと、筋肉のタンパク質から糖新生がおこなわれるので、筋肉を減らしてしまうことになるわけです。筋肉は安静時もエネルギーを消費する身体最大の組織ですから、これが減ってしまうと、脂肪がつきやすいリバウンドしやすい身体になってしまいます。

マラソンも後半になると飢餓状態に近くなるので、ある程度はアミノ酸が糖になって使われることはあり得ますが、実際にどのくらい使われるのかは、あまりはっきりしない点も多いと言えます。窒素を外す必要があることからすれば、どうしたところで糖を使うよりは手間がかかるのですから、アミノ酸はメインのエネルギー源にはなれません。

いっぽうアミノ酸摂取は運動中より運動後の補給として、意義があります。アミノ酸は筋肉を中心に身体を形作るものですから、運動後の回復には絶対必要です。

ただしサプリメントなどの粉末のアミノ酸は、あくまで補助的に摂るものです。吸収が早いのは長所ですが、それが短所にもなり得ます。アミノ酸摂取で血中アミノ酸濃度が上がり、結果的にアンモニアが増えてしまう可能性があるからです。

脱水症状でフラフラになるのか

マラソンのエネルギーマネジメントとして、脱水症状はどう考えればよいのでしょうか。

長時間のランニングで汗を多くかけば、当然脱水します。最近では夏の暑さが以前よりもひどくなっていることもあり、脱水に関する情報が多くあります。脱水状態になれば、血液の粘性が増します。血液は筋肉の毛細血管を通り抜けるのです

図23 糖新生のしくみ

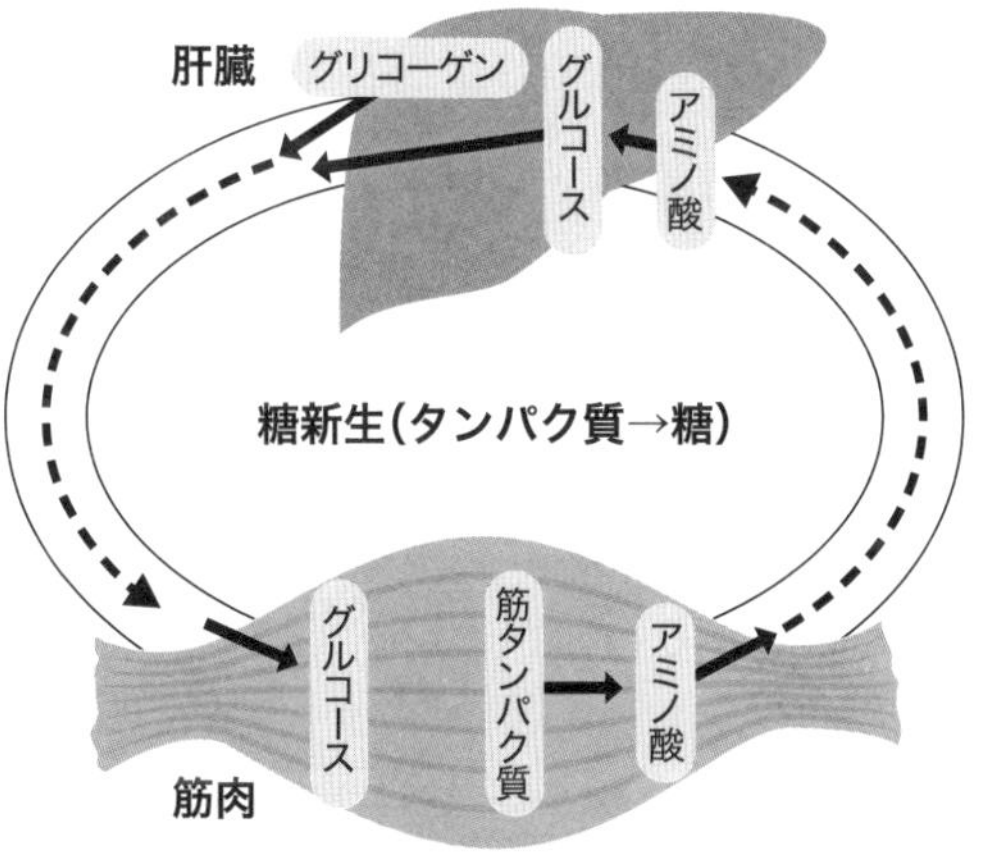

不足した糖を補うために筋肉のタンパク質が分解されて
血糖値の維持に使われることがある

から、粘性が高くなっていると通りにくくなるのです。

マラソンにとって脱水状態が進むのは望ましくありませんが、あまりにも脱水症状という言葉が疲労の原因として極端に言われている印象もあります。駅伝のテレビ放送で選手がフラフラになると、判で押したように脱水症状という報道がなされます。

確かに長距離を走れば汗を多くかきますから、脱水はしています。しかしそのことで簡単にフラフラになるものではありません。特にテレビで放送するような駅伝は、トレーニングされたレベルの高い選手が走っています。そうした選手がフラフラになった原因は何なのか、簡単にわかることではありません。「疲れた＝乳酸が溜まった」のと同様、「フラフラになった＝脱水症状」という単純な決めつけが起きているようです。

体重がどのくらい減ると影響が出るのか

どのくらい汗をかいたら、走りに影響が出るのでしょうか。

昔からよく言われていたのは、体重の2％程度相当の体水分量が減ったくらいから影響が出てきます。体重60kgであれば、1・2kg減れば影響が出てくるという考え方です。体重の2％相当量減ることは通常そんなにありませんが、マラソンとなるとあり得ます。

このことは逆に、体重が1kg程度減ってもまだ大丈夫とも言えるわけです。ただし研究者によっては、3～4％減っても大丈夫という考え方もあります。

もちろん暑さの感覚は人によって違います。また暑い季節だけでなく、寒い季節に急に気温が上がったような場合に、むしろ事故が起きやすいことも考えられます。初夏の頃の暑さに慣れていない状態のほうが、熱中症の危険度が高いということはよく報道されます。

脱水は気にするべきですが、いっぽうで水分摂取の必要性が少し極端に言われているようにも思います。少なくともマラソンでは、ゴールしたら発汗によってある程度体重が減った状態になっているのは当然です。走っている途中で摂取できる水分量は、せいぜい1回に100㎖です。たくさん摂っても吸収はできません。

そこで早めに給水という考え方もありますが、逆に水分補給にあまりこだわりすぎないで走りきる、という考え方も必要ではないでしょうか。スタートしたら、できるのは適宜軽く口に含む程度、というのが現実的です。

暑いときには無理しないでやめる

脱水と同様に体温の過度の上昇は、筋の働きを弱めます。筋肉の代謝反応は酵素タンパク質によるものです。酵素の反応はある程度の温度上昇までは働きがよくなりますが、40度を超えるような状況では働きが落ちます。暑くなると、皮膚の血流が増えて体内の熱を放出しようとして、本来のエネルギー産生のための筋肉への血流が不足します。そこで血流量を増やすために心拍数が上がります。さらに体温上昇の影響は、脳にも出てきます。本当に暑い環境、あるいは冬のマラソンでも、急に気温が20度超えるような日になる場合も同様です。

脱水状態になっているから倒れる、なっていなければ倒れない、ということではありません。本当に暑くてダメになってきたら、いくら水分補給をしても解決はできません。一番の方法は、暑くない環境に行くことです。走るのはそれだけで熱を多量に発生させます。マラソンやそのトレーニングは、基本的には自然を相手に外を走るスポーツですから、自然が相手となると、ヒトではとてもかなわないこともあります。

暑さに対しては、人によってかなり感じ方や影響度が異なります。周りの人が大丈夫でも、自分はダメなこともあります。その日の体調によっても変わります。暑さで厳しい状態になりそうであれば、走るのをやめることです。

寒い場合は服装を考える

冬のマラソンでは、逆に冷える影響を考えることも必要です。特に後半、足が止まって手足が冷えると、血管が閉じて血流が悪くなります。けいれんを起こす1つの理由は冷えることです。またスタート前に長時間待たされて身体が冷えてしまうと、スタートからいきなりスピードは出せません。

身体が温まっていない状態でスタートした直後に頑張るのは、糖の分解を高めることになりますから、糖を保存するためにも、冷えているスタート時にはあまりスピードを出さないことが必要です。

マラソンの服装については、ランニングシャツ、パンツと決めつけるのではなく、冬であれば、長袖シャツとタイツを選ぶ、あるいはアームウォーマーなどをつけることも有効です。

筋の痛み

走るときの着地した足には、体重の2～3倍の力がかかります。それを数万回繰り返し、ようやくゴールに到達できるわけです。

着地する際には、少し膝が曲がります。膝を曲げるということは、太腿前面のストレッチの際にやることですから、このときの太腿前面の筋肉が少し伸びます。そしてその際には力を発揮して体重を受け止めています。

筋肉が伸ばされながら力を出すことを、伸張性収縮と言います。筋肉は短くなりながらだけでなく、伸ばされながらも、力を出します。しかも短くなるよりも伸ばされながらのほうが大きな力が出ます。これは筋肉にバネのような特性があるからとも考えられます。身体を受け止めるような場合には、体重の数倍にもわたる大きな力が筋肉にかかります。それを受け止めるのが伸張性収縮ですから、このときに大きな力を筋肉が出せるのは理にかなっています。

ともかくこうして1歩ごとにかかる体重の数倍の力を、足は伸張性収縮をしながら、受け止め続けています。いっぽうで伸張性収縮では大きな力を出せますが、それだけ筋肉に小さい傷ができることがあります。マラソンの後半になってくると、そうした小さな傷が積み重なってきて、伸張性収縮ができにくくなったり、筋の痛みにつながります。それを防ぐには、着地の衝撃を抑えるような走り方をすることです。

加齢の影響

加齢によって、マラソンの成績はどのような影響を受けるでしょうか。

一般的には、加齢によって記録が低下するかどうかに関しては、短距離走よりもマラソンのほうが影響を受けにくいと考えられます。それは、マラソンは最大よりも低い強度でおこなわれているからです。すなわち最大筋力や最大能力を発揮する運動のほうが、加齢の影響を受けやすいのです。

短距離走や中距離走の有力選手は20歳台であることが多く、30歳台の選手はあまりいません。しかしマラソンでは30歳台の金メダリストも結構います。最大能力やスピードは、遅筋線維よりも速筋線維の働きのほうが主体であり、加齢とともに、どちらかというと速筋線維のほうが遅筋線維よりも落ちやすいことが関係しています。いっぽう筋力と比較して、持久的能力に関しては、日常生活での刺激が少ないので、したがって何もしていないと、持久的能力のほうが筋力よりも落ちやすいとも考えられます（P.101参照）。つまりあくまでちゃんとトレーニングしていれば、短距離走などよりもマラソンのほうが、高い年齢まで記録を維持しやすいのです。

ただし、中高年になってくると、トレーニングはけがとの戦いとも言え、けがをすれば必然的にトレーニングをしっかりできなくなってくるので、記録が落ちてしまいます。

220－年齢からわかること

心拍数の最大値は、一般的には「220－年齢」とされています。すなわち10歳年をとれば、10拍／分だけ最大心拍数が下がってしまうということです。それだけ心臓が送り出せる最大血液量が減りますから、特に中距離走のような最大心拍数レベルでおこなわれる運動の記録は低下します。

ただしマラソンは最大心拍数レベルで走るわけではないので、まだ加齢による変化は受けにくいとは言え、20歳台ならば150～160拍／分の心拍数で余裕をもって走れたのに、中高年になると同じ150～160拍／分という心拍数は最大に近い心拍数になってしまい、マラソンでは無理な強度になります。したがって加齢によって、マラソンで維持できる心拍数も、やはり落ちてしまいます。

また速筋線維が衰えて筋力低下が起こります。筋にはバネのような性質があるので、そのバネが弱くなり、弾まなくなってきます。結果として若い頃に比べてストライド長が縮んできます。こうして酸素摂取能力は低下するし、ストライドが低下するしで、記録は低下していきます。マラソンでも、加齢による記録低下は避けられないのです。

第2章

マラソンのエネルギーマネジメントからみたトレーニング

第2章はトレーニングについてです。トレーニングに唯一絶対の正解はありません。その人ごとに、またそのときの体調によっても、望ましいトレーニングは異なります。本書ではあくまで、マラソンのトレーニング（持久的トレーニング）をする際に考えるべき点を述べることにします。

持久的トレーニングに限ったことではありませんが、一般的なトレーニングの3要素として、強度、時間、頻度があります。すなわちどんな強度のトレーニングを、どれだけの時間、週何回やるのがよいかということです。そして、栄養のことについても触れることにします。これらの要素を総合して、自分に合った、自分に必要なトレーニング内容を考えて組み立てていってください。

1 トレーニング強度をLTから考える

強度はまずLT

マラソンのトレーニングの強度に関して、まず重要となるのはLTです。

LTまでの強度は、感覚的には「楽である」「きつくない」であり、長く続けられる強度です。

いっぽう筋線維の中では遅筋線維がおもに使われ、速筋線維はあまり使われません。またLTの強度は「ややきつい」でありながら「快調」でもあるのでした。すなわちLT強度は、持続するのには適していないが、トレーニングの刺激としてはもう少しとも言えるということです。

したがって強度がLTを超えているのかどうかは、マラソンのトレーニングにとって非常に重要になってきます。つまりマラソンは、レースもトレーニングも、まずはLTを第一に考えるということになります。もちろんそれ以下の強度で走っても、無意味とまでは言いません。ウォーミングアップとかクーリングダウン、あるいは調子を整えるという点でも、ゆっくり走るということはあり得ると思います。しかしマラソンのトレーニングは、どうしても走行距離をこなすことを中心に考えがちです。気をつけるべき点は、強度の観点をおろそかにしないということです。

LTは筋の酸化能力 図24

LTというのは、運動の主たるエネルギー源が脂肪から糖に変わる強度とも言えます。

LTは何によって決まるのかというと、筋肉での代謝によって決まります。特に筋肉にどれだけのミトコンドリアがあって、どれだけ働いているのかということが、LTの大きな決定因子です。この

図24 筋の酸化能力

ミトコンドリアが少ない

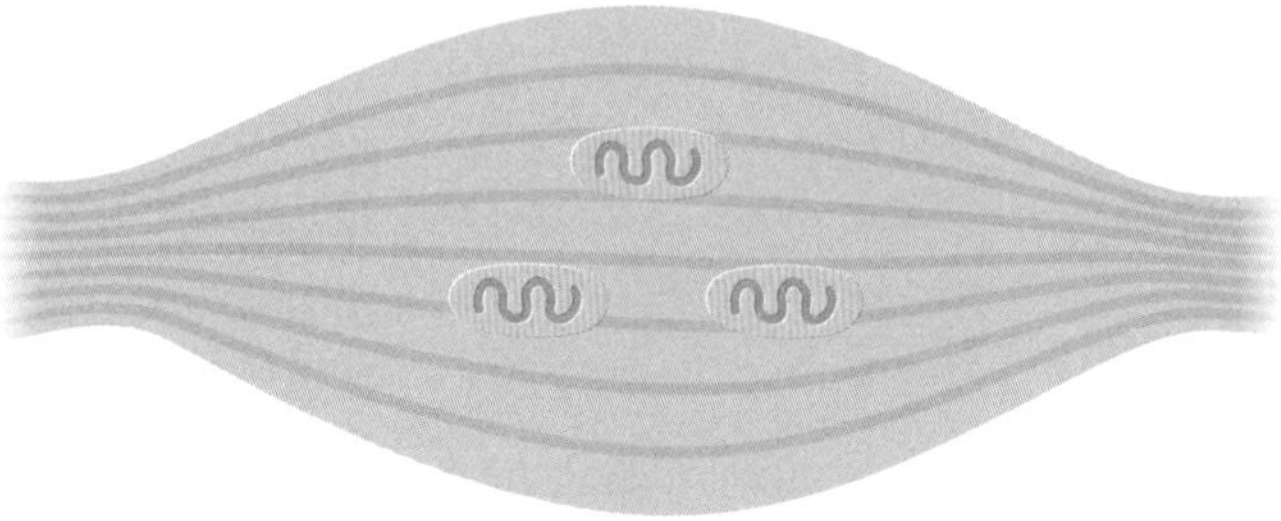

▶ より低い強度（遅い速度）でも、糖を主体に使って走る
▶ 乳酸ができやすい
▶ LT が低い

★ミトコンドリアが多い

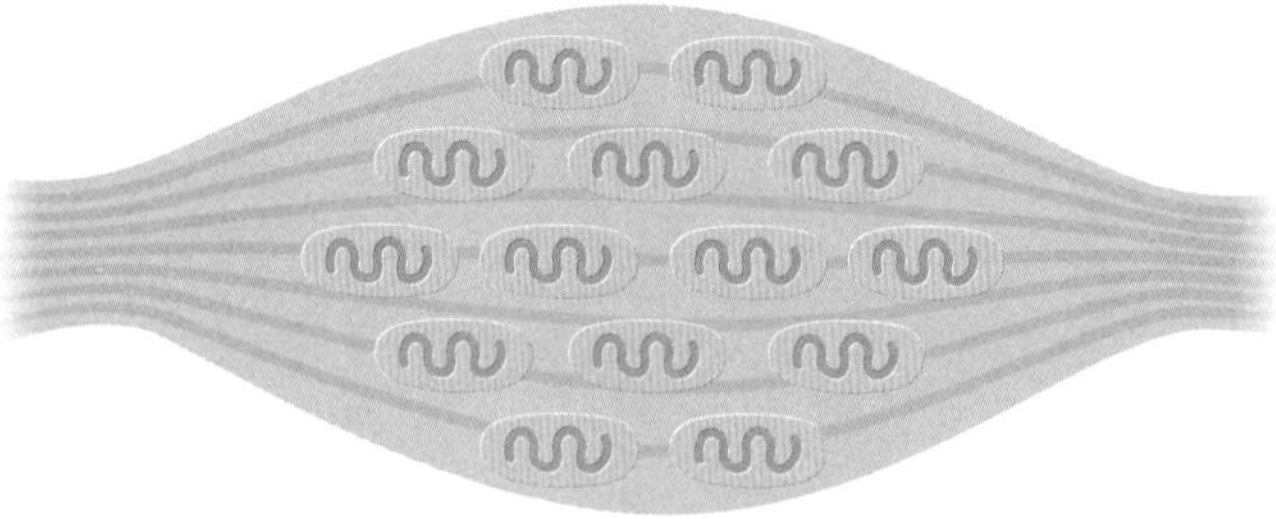

▶ より高い強度（速い速度）でも、糖をあまり使わず
走ることができる（脂肪を使って糖を保存できる）
▶ 乳酸ができにくい
▶ LT が高い

筋肉にどれだけのミトコンドリアがあるかがLTの決定要因

ことを筋の酸化能力と言います。

最大酸素摂取量は、どれだけ酸素を取り入れることができるかですから、どちらかというと心肺機能が大きく影響します。しかしLTは息が苦しくなるような強度ではないので、心肺機能というよりは筋肉でのことが大きく影響します。特に筋肉でどれだけ糖と脂肪を使えるのかということが関係します。トレーニングでLTを上げることができれば、以前よりも高い速度で糖をあまり使わずに脂肪を使って走れるようになります。

LTをトレーニングで上げるということは、まず筋肉にミトコンドリアを増やすということです。もちろん、トレーニングによって増えるのはミトコンドリアだけではありません。筋肉の毛細血管も増えます。その毛細血管によって血液が回りやすくなることも、筋の酸化能力が高まることの重要な要因です。またミトコンドリアの代謝以外では、糖や脂肪の代謝に関連する酵素や輸送担体などが、トレーニングで増えることもあげられます。

トレーニング効果の柱はミトコンドリア

マラソンに向けてのトレーニング効果の柱は、筋肉にミトコンドリアが増えることです。

ミトコンドリアが増えることで、より脂肪が使えるようになります。そうすればより糖を保存して脂肪を使えるので、糖をマラソンのゴールまでもたせることがよりできるようになります。実際にはミトコンドリアの量が増えるだけでなく、働きもよくなります。またミトコンドリアが増えるということは、糖の利用能力も高められます。糖をどれだけ利用するのかということは、マラソンというよりはハーフマラソンまでの種目のほうがより大事なことになります。

ただしミトコンドリアは、トレーニングで使った筋肉、筋線維でしか増えません。そして運動強度＝走速度によって、筋線維の使われ方が変わってきます。ＬＴよりも低い強度では速筋線維はあまり使われませんから、ＬＴ以下でトレーニングしても速筋線維は強化できません。速筋線維を使わずしてマラソンを走りきることはできません。そこでＬＴという運動強度の観点での指標を認識して、トレーニングすることが必要になります。

ＬＴよりも実際には上の強度が必要 図25

マラソンの強度はＬＴと言います。実際にはスタートして最初は意気込んでＬＴより少し速くなりがちで、選手レベルになると、ＬＴよりも少し速く走っているのが通常です。ハーフマラソンになれ

図25　LTは速筋線維が多く使われ始める運動強度

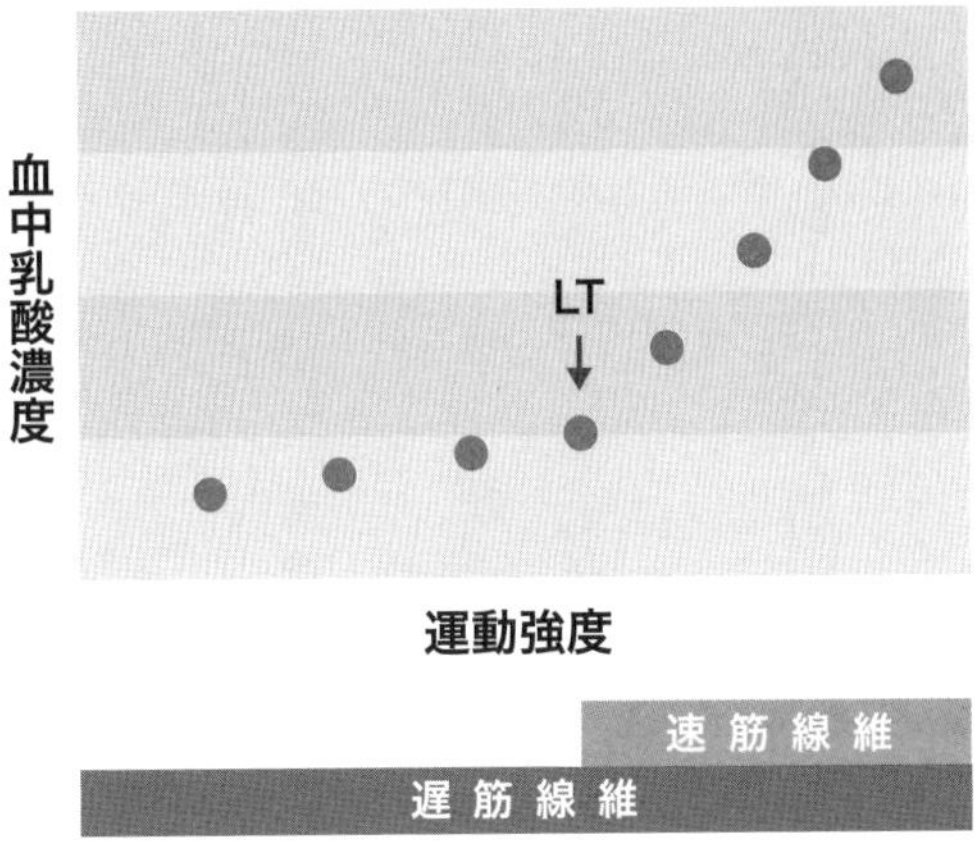

ば、LTを確実に超えたレベルになります。トラックで5000mなどをやる場合には、LTを超えてさらに上の強度になっていきます。

マラソンのトレーニングではどのくらいまで強度を上げたらよいのか、というのは難しい点です。実際のレースでは、LT付近でのランニングが主体である以上、トレーニングでもLTレベルで十分という考え方もあると思います。ただしLTは速筋線維が多く使われ始める強度です。LTレベルでのトレーニングばかりでは、速筋線維の強化が足りないと考えられます。やはり、LTを超えた強度でのトレーニングが必要です。またマラソン前半からLTで走っているならば、遅筋線維主体で走っているとも考えられます。ところが通常、徐々に距離が進むにつれて、それまでよりも多くの筋線維が使われていきます。簡単に言えば、疲労してくると筋の出力が減ってくるので、より多くの筋線維を使っていかないと同じ出力が保てなくなっていくのです。ということは、最初は遅筋線維主体で走っていたとしても、徐々に速筋線維も使わざるを得なくなっていくと考えられます。したがって速筋線維を強化して、ミトコンドリアを増やしておくことも必要なのです。またスパートなどのスピードに対応するということでも、速筋線維を強化することが有効です。

いっぽう速筋線維がいずれ使われるようになるという点から言えば、30㎞や40㎞のような長い距離のトレーニングであっても、速筋線維の強化はできるとも言えます。しかしそうした長い距離のゆっくりしたトレーニングは、動きの速さのトレーニングにはなりません。速筋線維のミトコンドリアを増やすには、やはりＬＴを超える強度でのトレーニングを第一にするのが自然です。

乳酸がトレーニング効果をもたらす 図26

ＬＴを超える強度でのトレーニングが、マラソンのトレーニングでも必要だということには、別の理由づけができます。それは乳酸がトレーニング効果をもたらすということです。

乳酸は疲労の素ではなく、疲労を防ごうとしてできる、と解釈できることは前章でも述べましたが、

図26 乳酸はミトコンドリアを増やす因子になる

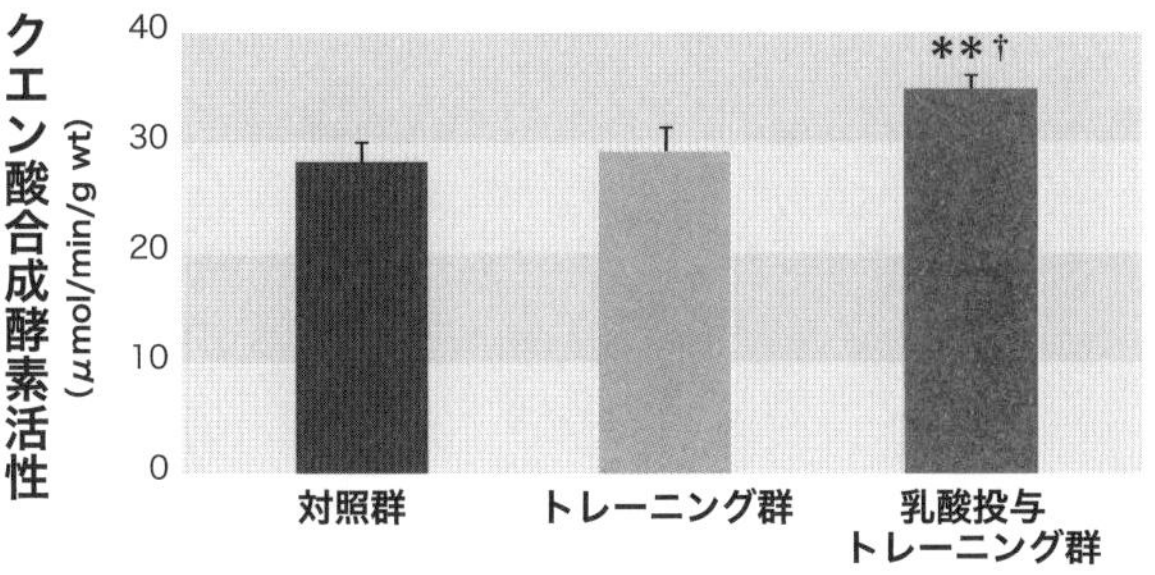

**P<0.01 対照群に対して、†P<0.05 トレーニング群に対して

トレーニング（20m/分，60分間，3週間)の直前に乳酸を投与することで
(乳酸投与トレーニング）、ミトコンドリア酵素活性が上がる

Takahashi K, Kitaoka Y, Matsunaga Y, Hatta H. Effects of lactate administration on mitochondrial enzyme activity and monocarboxylate transporters in mouse skeletal muscle. Physiological Reports, 7. e14224, 2019.

最近では、乳酸がミトコンドリアを増やす因子であることがわかってきました。乳酸が多くできるということは、糖を多く使おうとしているということです。

すなわち乳酸が多くできた＝糖を多く使う＝糖が減ってしまう、ということを示しています。それは望ましくないので、身体はミトコンドリアを増やして脂肪利用能力を上げ、糖を多く使って乳酸が多くできる状況を減らそうとする適応を起こしている、と考えることができます。LTを超える強度では乳酸が多くできるのですから、身体にミトコンドリアを増やす刺激を与えることになります。

したがってLT以上に強度を上げることは、乳酸を増やし、速筋線維も使ってミトコンドリアを増やす刺激を与えるということでも、望ましいことになります。

このようにマラソンのトレーニングといっても、LT

を超えた強度でおこなうことが必要です。

追い込むタイプのトレーニングもあってよい

短い距離のインターバルトレーニングのように、きつく追い込むトレーニングはどうでしょうか。こうした追い込み型トレーニングは、昔から最大酸素摂取量を上げるには有効であるとされてきました。最大酸素摂取量は取り込める最大の酸素量ですが、これが高いとマラソンのような持久的運動でも、同じ強度を余裕をもって走れるということから、この値と記録とは関係があるとされてきました。そして最大酸素摂取量は、どちらかというと筋肉より心臓や肺の最大機能が影響すると考えられます。つまり心肺機能です。そこで最大酸素摂取量を高めるには、息がハーハーして胸がドキドキするような状況を作ることが必要だ、ということは理解できると思います。ただし実際には、マラソンは最大酸素摂取量より低いレベルで走るのですから、LTが最大酸素摂取量よりも重要と言えます。

最大酸素摂取量を選手の中で比較するとあまり差がない、という結果がよく報告されています。だからといって、最大酸素摂取量に示される最大能力の高さが関係ないのではありません。マラソンはあまり息がハーハーする強度にはならないからといって、心肺機能は関係ないということでもありません。マラソンをしっかり走りきる基本の体力として、最大酸素摂取量で示される能力は大変重要です。このように心肺機能を高めるという点、あるいは速筋線維を中心に強化してスピードを高めるという点でも、追い込むタイプのトレーニングも有効です。

高強度インターバルトレーニング 図27

近年、高強度運動のインターバルトレーニングが注目されています。

高強度インターバルトレーニングの意味している内容が、研究者によって少し違うというのも事実なのですが、おおざっぱに言えば、数十秒から1~2分程度の運動を、数十秒から数分の休息を挟んで5~10回繰り返すといった内容です。以前からこうしたトレーニングは、どちらかというと心肺機能を高めることに焦点が当てられてきました。ところが近年の研究では、筋肉にも効果が高い、すなわち高強度インターバルトレーニングでも、ミトコンドリアを増やす効果があることが多く報告されているのです。

高強度インターバルトレーニングでは、乳酸が多くできますから、乳酸がそのトレーニング効果を生み出す1つの要因と考えられます。こうしたトレーニングでは、休息時間でも心拍数がなかなか下

図27 トレーニングによるミトコンドリアの酵素活性とタンパク質量の変化

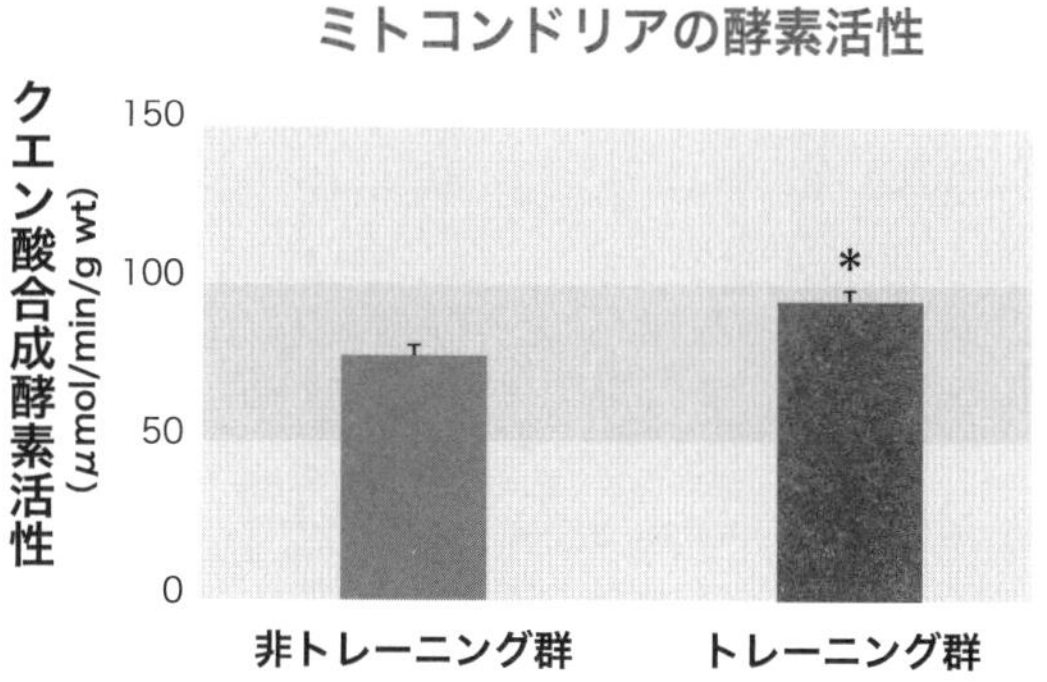

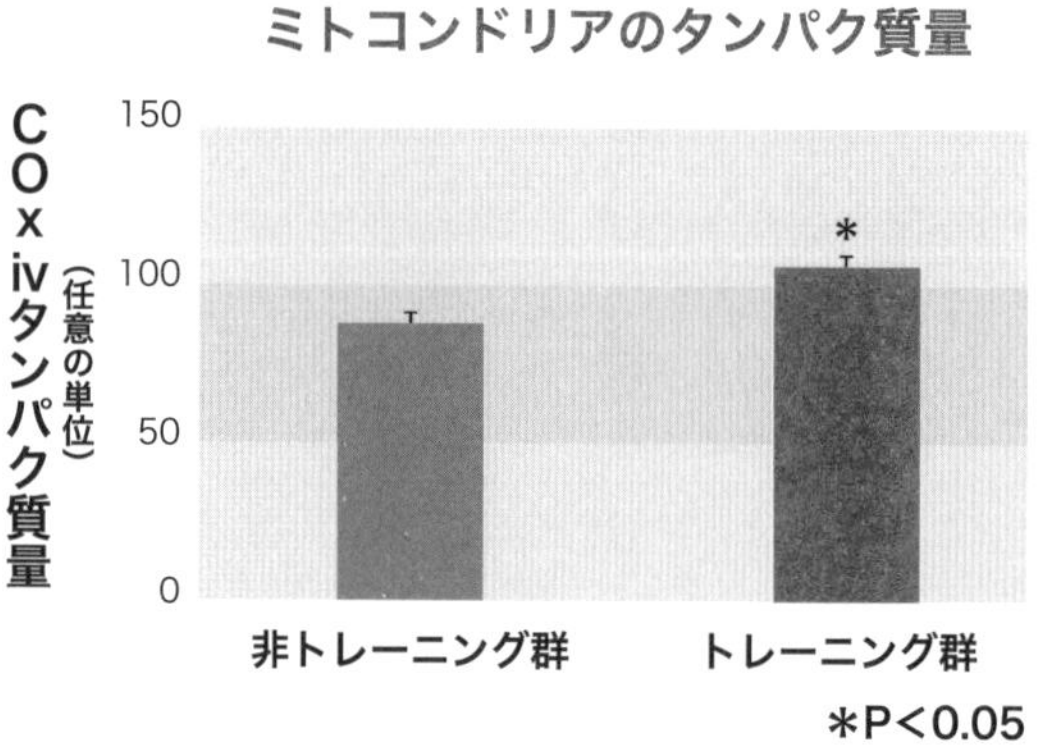

高強度トレーニングでもミトコンドリアを増やす効果がある

Hoshino D, Yoshida Y, Kitaoka Y, Hatta H, Bonen A. High-intensity interval training increases intrinsic rates of mitochondrial fatty acid oxidation in rat red and white skeletal muscle. Appl Physiol Nutr Metab, 38: 326-323, 2013.

がらず、血液が肺から筋肉に送り続けられる状態が続いています。間に休息を挟むことで、1本だけ走るよりもより乳酸が多くできている状態で、長い時間筋肉に刺激を与え続けられるとも言えます。

しかし全体としてみれば、トレーニング時間は長くても20~30分くらいなのですから、短時間で済みます。マラソンのトレーニングでも発想の転換で、高強度インターバルトレーニングをときどき入れてみても面白いと思います。

強度の上げ下げ

乳酸がミトコンドリアを増やす1つのカギであるならば、一定ペースで走るのではなく、高い強度で走ったあとに低い強度で走ることを繰り返す、というのはどうでしょうか。そうすると高い強度のときに乳酸が多くでき、低い強度のときに乳酸を使うという代謝状況になります。一定のLTレベルで走るよりも、乳酸がより高い状態で走り続けることになりますから、1つの効果的な工夫です。

クロスカントリー走や途中に坂道を入れた持久走も同様です。坂道走を入れることで筋肉の使い方が変わってより多くの筋肉を使うことにもなるので、さらに有効なトレーニングとなる可能性があります。一定ペースで走るばかりがマラソンのトレーニングではないということです。

また例えばペースを最後だけ上げて頑張る、ということも1つの工夫です。この場合、ゴールしたときは一番きつくなっていますが、乳酸が多くできている状態でもあるので、その状態でやめてしまうのはもったいないと言えます。すぐにやめないでゴールしたあとにも少し走り続けることによって、トレーニング効果を押し上げ、乳酸によるミトコンドリア合成増加効果が期待できるからです。

ただしその高い強度の運動のあとに続ける運動が、LTよりも低い強度の運動だと、結局効果のあるのは、その低い強度の運動で使われている遅筋線維だけということも考えられます。

効果が出たら見直す 図28

トレーニング効果が上がれば、ミトコンドリアが増え、脂肪の利用能力が上がり、糖をより使わなくて済むようになります。そうなると乳酸の産生が減ります。またミトコンドリアが増えるということは、より乳酸を使えるようになるということでもあります。そこでトレーニング効果が上がれば、乳酸の産生が減り、より乳酸を酸化利用できるようになり、同じ運動時の血中乳酸濃度が下がることになります。つまりトレーニング効果が上がれば、同じ運動でもより乳酸が減るということです。

ただしこのことは、乳酸がトレーニング効果をもたらす1つの要因であることからすれば、このま

序章

1

2

図28 トレーニングによる血中乳酸濃度の変化

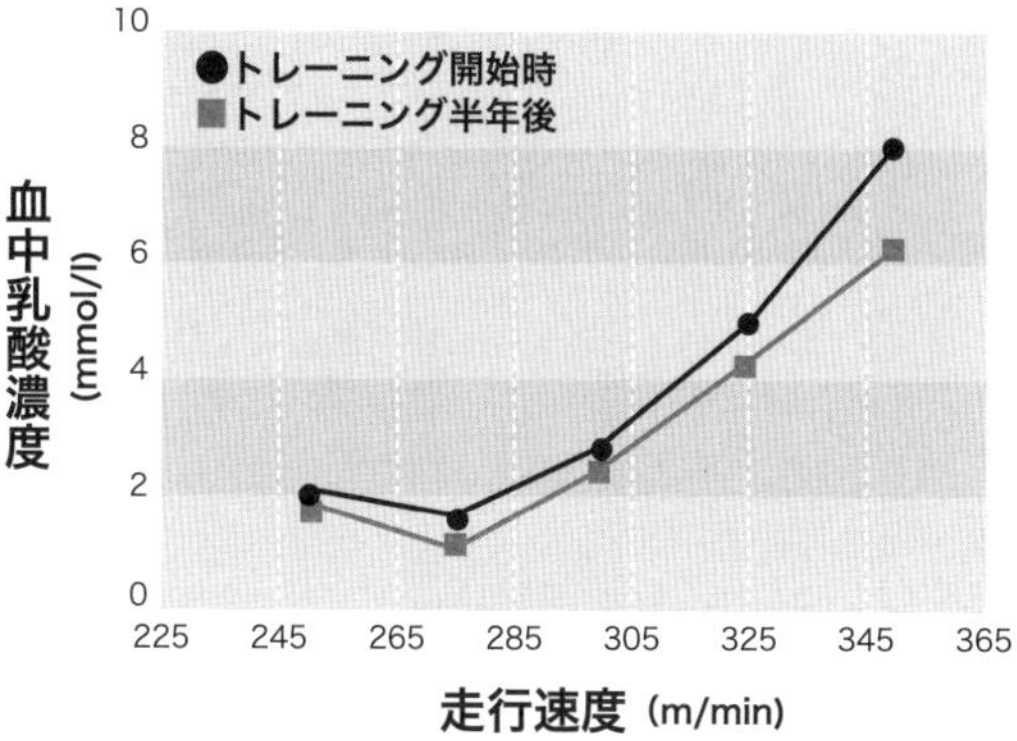

同じ速度でのトレーニングを続けると、血中乳酸濃度が低下し、トレーニング効果も減ると考えられる

ま同じトレーニングをしていると、トレーニング効果が得られにくくなっていくということを示しています。すなわち、効果が上がれば、速度を上げてさらに乳酸を出すようにしていかないと、トレーニング効果は頭打ちになるということです。確かにトレーニングを始めた頃のほうが、同じ強度の運動での血中乳酸濃度は上がりやすく、またトレーニング効果も上がりやすくなっています。それがトレーニングを進めていると、同じ強度でのトレーニングをしている限りにおいては、トレーニング効果が上がりにくくなります。つまり乳酸がどれだけできるかということと、トレーニング効果がどれだけ上がるのかということとは関連しています。トレーニング効果が上がったら、さらなる効果を得ようとすれば、トレーニング強度を上げていく必要があるのです。

2 運動時間とトレーニングの組み立て

時間もLTから

トレーニングの3要素のうち、時間はどうでしょうか。

運動継続時間と運動強度とは逆の関係にあります。強度が上がれば、継続時間は短くならざるを得ませんし、強度が下がれば、時間を長くしないと効果が上がりにくいことは当然予想されます。マラソンのトレーニングですから、ある程度の時間をかけるトレーニングも当然必要とされるでしょう。となると運動時間を考えるうえでの基本は、やはり少なくともLTくらいの強度で、どのくらいの時間をかけるのか、ということになります。

前項で説明したように、LTを超える強度でおこなうのとLTくらいの強度でおこなうのとでは、どちらがよいかということも考える価値があります。運動時間を考える場合には、時間経過とともに体内でどんな反応が起きているのか、すなわち体内の代謝状況がどう変わってくるのか、さらにはそのトレーニングで得られる効果について考えることも必要になります。

運動時間でどう変わるのか

前述のように、ハーフマラソンは糖がある状態でゴールするので最後まで糖をどう使うか、フルマラソンは糖が減った状態でゴールするので最後まで糖をどう残すかが、それぞれ問題になります。このことからすれば、運動時間を考えるならば、少なくとも30kmの壁を超えるような時間を要するトレーニングがあったほうがよいということです。30km走、40km走といった、糖が減った状態を作るようなトレーニングは、マラソンに対して有効なトレーニング方法であることは明らかです。

糖が減った状態になると、その分、脂肪を使って走ることになります。それで脂肪を使うような状態が続くと、ミトコンドリアが増えて脂肪利用能力が上がることが考えられます。脂肪を使うような状態では、血液中に遊離脂肪酸が増えていることが多くなります。遊離脂肪酸は、脂肪を分解してできるものです。実はこの遊離脂肪酸は、ミトコンドリアを増やす刺激の1つと言えます。

脂肪酸もミトコンドリアを増やす 図29

すでに述べたように、乳酸はミトコンドリアを増やす因子です。

「乳酸が多くできる＝糖を多く使った」ということなので、ミトコンドリアを増やして糖の低下を防ぐ適応が起こると考えることができます。いっぽう脂肪酸もミトコンドリアを増やす因子です。これも「脂肪酸が増える＝糖が減って脂肪を使っている」ということから、ミトコンドリアを増やして糖をあまり使わないでおこうとする、と考えることもできます。

つまり、強度を上げて乳酸を多く出してそれでも走り続けることは、ミトコンドリアを増やすトレーニングとして有効なのですが、30km、40kmと走り続けることによって糖を減らして脂肪を使うしかない状態にすることも、ミトコンドリアを増やすトレーニングとして有効なのです。

このように、ミトコンドリアを増やす要因は

図29 ミトコンドリアを増やす因子

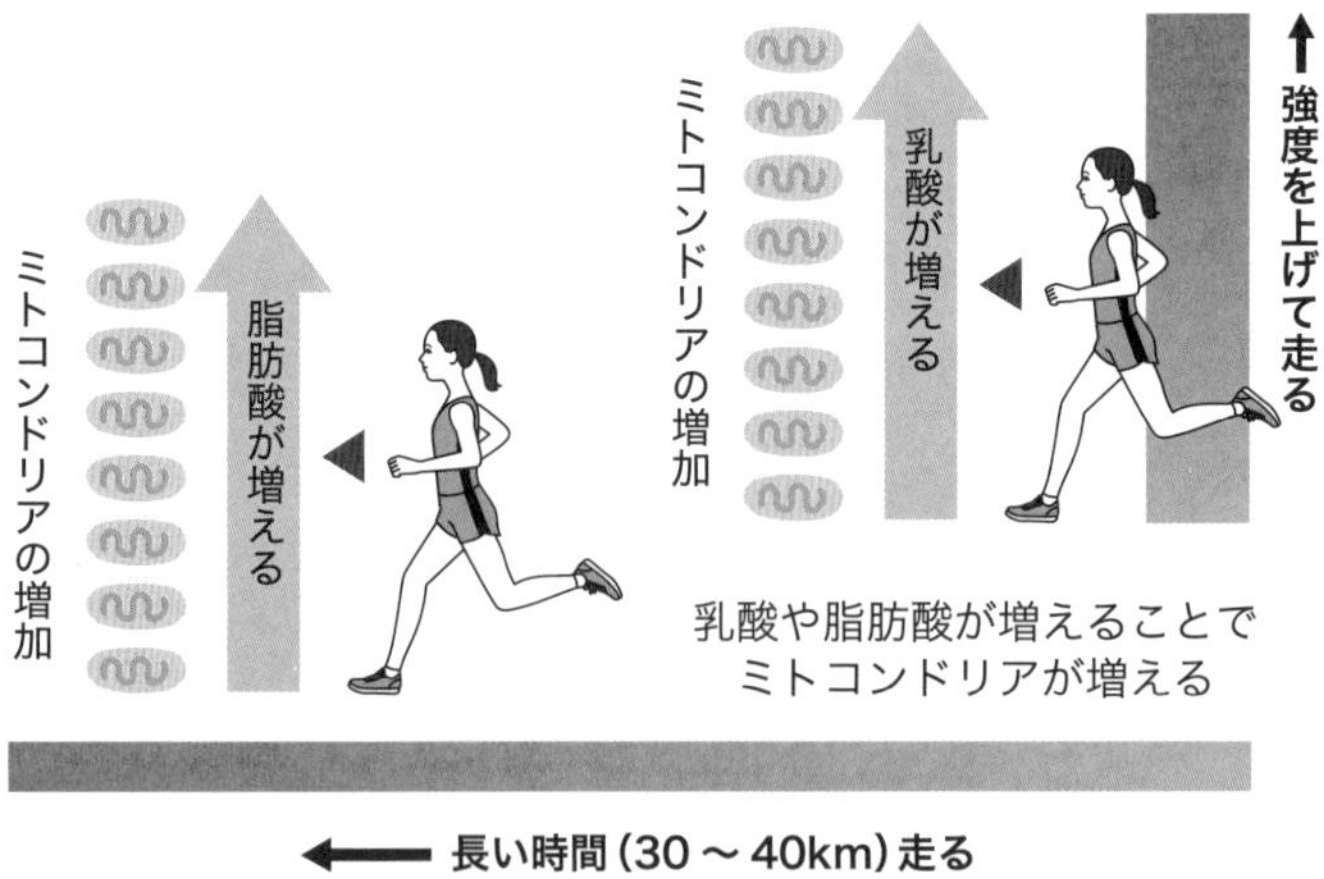

乳酸や脂肪酸が増えることでミトコンドリアが増える

1つだけではありません。強度を高めて乳酸を多く出すということも1つ、また運動時間を長くして遊離脂肪酸を多くするというのも1つです。

トレーニングには、正解が1つだけということはありません。いろいろな要素のそれぞれの短所長所を理解しながら、そのときの自分に合ったトレーニングを組み立てることが必要です。

1日1回より、2日に1回2日分

トレーニングによるミトコンドリアへの効果という点で、面白い類似した研究があります。

それらの研究では、例えば毎日1回、1時間走のような持久的トレーニングをするグループと、2日に1度の頻度で2日分を午前と午後にやり、もう1日は何もしないグループで、トレーニング効果を比較しています。トレーニング総量では差がない2つの条件を比較しているのです。

実は、2日に1度の頻度で2日分おこなうほうが、毎日おこなうよりも、ミトコンドリアが増えるということがわかったのです。トレーニング量は一緒なのに、2日に1度まとめてやったほうが、効果は大きいということです。

これはおそらくは、まとめてやる日の2回目のトレーニングを、1回目のトレーニングを受けて、糖が減った状態でやることが関係している可能性があります。つまり糖が減った状態で、さらにトレーニングをしたことによって、血中遊離脂肪酸の濃度が高くなったことなどから、ミトコンドリアがより増えた可能性が考えられるのです。

したがってこのことを応用すれば、いくつかのことが言えるようになります。

まず、トレーニングは毎日一定量をこなすよりも、ハードにやる日があったほうが、効果を考えた場合に重要になるということです。この例では、同じ日に2回のトレーニングでしたが、少しハードな内容のトレーニングを2日続けるといった方法もあります。例えばハードな20km走を2日続ければ、1日目の20km走で糖がそれなりに減るので、通常であれば翌日までに元には戻りません。つまりその状態でもう一度20km走ったとすると、40km走ほどではないにしても、20kmを1本だけよりは効果を高められるかもしれないのです。また合宿強化練習のようにハードな練習が続く状態も同様に、糖が減った状況が続きながらトレーニングすることになり、効果が得られると考えられます。

休養もトレーニング

毎日一定の内容のトレーニングよりも、ハードな内容を含むさまざまなトレーニングをおこなったほうが、ミトコンドリアへのトレーニング効果に対して重要であるということは、かなり示唆に富んでいると思います。そうならば毎日毎日ハードにやればよいかと言えば、それは無理です。マラソンの練習には、オーバートレーニングになる危険性が多く潜んでおり、休むことも大事なトレーニングとしてとらえる必要があります。

例えば高所トレーニングを考えてみます。高いところに行くと運動がよりきつくなり、効果が高いと考えられますが、単純にきつい環境に行けば行くほどよいとは言えません。高所に行って最初の時期に頑張りすぎると、きつすぎて調子を崩してしまう選手がいるのも事実です。また高所に行くとあまりスピードが上げられません。スピードを上げなくても効果が上がるとも言えますが、スピード練習ができないとも言えます。

あるいは40km走や20kmの2日連続走を考えてみます。効果が大きいとはいえ、それをいつも続けていればオーバートレーニングで走れなくなり、けがの危険性も高まります。またこうしたかなりの距離をこなす持久走では、スピードも当然出せないので、速筋線維の鍛え方が不十分になります。

つまりハードな日と、そうでない日のバランスが大事であり、休養もトレーニングということを忘れないことです。2日分を一度にまとめれば、2日に一度休養を入れてしまっても、毎日やり続けるよりも効果が高いのです。

きつくて不調になるかもしれない

マラソンを走るためのトレーニングだから、できるだけの量をこなす、という考え方は、ある面では正解です。しかしハードなトレーニングの日とそうでない日を作るという観点からすれば、おかしなことになる危険性もあります。

30km走や40km走の効用は、糖が減った状態で走ることによって、ミトコンドリアを増やそうということです。ただし一度大きく糖が減ると、通常1日では糖の貯蔵量は元には戻りません。その状態でトレーニングを継続すると、糖が減った状態でのトレーニングが継続でき、効果がより上がる可能性があるとも言えますが、同時にスピードが出ないトレーニングになっているとも言えます。

糖が減った状態では筋肉は力を出しにくくなります。本来糖があれば余裕のあるスピードでも、糖が減った状態ではきつく感じられますし、糖が減った状態では、本来のLT強度で走っても乳酸はあまりできませんが、いっぽうで走るのはきつく、快調だなという感覚にはなれません。

そんな状態でトレーニングを続けていると、ただきついだけでスピードは上がらず、どんどん不調になっていく可能性があります。ハードではない日の練習は気分よく終えたいものですが、糖が減っていると遅い速度でも足が動かないので、気分よくは走れません。

LTかそれより遅い強度になりがち

マラソンなんだから、月に何百km走行と目標を立てることがよくあります。その達成のために一番効率的なのは、休みを作らずコンスタントに、LTかそれより少し低い強度で走り続けることです。そうなると強度に関係なく、ただ距離だけを稼ぐことになりがちです。追い込む練習では距離を稼げませんから、目標走行距離の達成に向けて、強度を上げないことがメインになります。これではいくらたくさん走ったとしても、LTを超えないので乳酸はあまりできず、乳酸によってミトコンドリアを増やす効果はあまり期待できません。いっぽう毎日たくさん走るので、糖が減った状態や脂肪酸が上がった状態は作れますが、スピードが上がらない状態が続いてしまう弊害も考えられます。

たくさんの量をこなすうえで確かなことは、エネルギー消費量が多いので体脂肪量が減少する、ということです。練習をしないとすぐに太ってしまう人、あるいは距離に対する不安が大きく、マラソン後半までもたないという人にとっては、距離を稼ぐことが必要な場合もあります。強度は数値に表わしにくいのに対して、距離ははっきり出ますから、これを重視したくなる気持ちは理解できます。

しかし量だけにこだわるのは、あまりよい結果に結びつかない危険性もあります。したがってその問題を解決するには、各自がよく考えてトレーニングプログラムを組むということにつきるのです。

コンスタントよりも強弱では

強度が高いトレーニングは必要です。しかしながら強度が高くなると当然きつくなるし、距離を稼ぐにはマイナスです。距離を稼ぐには、コンスタントにLTくらいで維持するのが一番です。マラソンのトレーニングは、コンスタントに距離を踏むか強弱をつけるかのせめぎ合いであるとも言えます。駅伝のようにチームで結果を出す場合には、コンスタントに距離を稼ぐほうが、ブレーキが起こらず安定した結果が出せるとも考えられます。しかしマラソンは、チームで結果を出すことが第一ではないので、個人に応じたトレーニングを考えることです。

そうするとやはり、強弱ということになるのではないでしょうか。また平日は仕事のある社会人ランナーにとっては、どうしたってしっかり走るのは週末になります。週末にどれだけ意図を持ってトレーニングがしっかりできるかにかかってきます。

頻度

頻度についてもお話ししておきます。

一般論としては、持久的能力はやっていないと落ちやすいので、週1回の頻度では維持程度で、持久的能力を上げるには週2回はトレーニングが必要となります。ただしそれまで何も運動をしていなかった人が、週1回でも持久的トレーニングをやり続ければ、それなりに効果はあります。

ではマラソンの場合はどうでしょうか。毎日やることが絶対必要なのでしょうか。これも正解はわかりません。かつて競技をやっていた選手をその後数十年追跡して体力テストをしてもらうと、筋力関係は年をとっても一般人より高い傾向があるが、持久的能力については一般人と差がなく、結局、中高年になっても運動を継続しているかどうかのほうが、持久的能力には影響が大きいと言われています。つまり通常の日常生活では、筋力よりも持久的能力のほうが落ちやすいということです。

通常、筋力トレーニングを主とする選手は、トレーニングで起こる筋損傷からの回復も考慮して、トレーニングを毎日はおこないません。すなわち、筋力強化が中心の種目では、練習を毎日やらなくてもよいのです。いっぽうマラソン選手では、毎日走るのが当たり前となっています。持久的能力のほうが筋力よりも落ちやすいということからすると、これは正しいと思われます。しかしながら2日に一度、2日分のトレーニングをしたら、毎日一度よりも効果があったということは、やるときにまとめてやって1日ごとに休養したほうが、毎日やるよりも効果が高いということでもあるのです。

大事なことは、目的意識のある質の高いトレーニングをどれだけやれるかです。そして休むのもトレーニングです。マラソンの練習は、やり過ぎによるけがと隣り合わせでもあります。故障してしまったらトレーニングが無駄になるだけです。また休養することは、トレーニングで減った糖貯蔵量を元に戻すということでもあります。そこで休養日を入れることは有効だと私は思います。

週の中での組み立て

そうすると本当にねらった質の高い練習日を、どう組んでいけばよいのでしょうか。

通常の場合は、競技選手であっても、本当にねらったトレーニングは週2~3回程度で、あとはつなぎの練習ではないでしょうか。ましてや仕事があってあまり練習のできない市民ランナーの場合には、週末に目的意識をもった質の高い練習をおこなうことが主体で、可能ならば週の半ばにもう1回くらいきちんと走れる日があれば望ましいくらいでしょうか。それで大丈夫なのか、と不安にかられる必要はないと思います。

大事なのは、週全体でみて質の高い練習を数回おこなえているかどうかです。平日に練習ができないので、レースをトレーニングとしてとらえ、週末に頻繁にレースに出るというやり方も、あまり練習の頻度を多くできない市民ランナーにとっては正解だと思います。

またねらった大会に向けてしっかりトレーニングしている時期と、少し休養を多くできる時期など、シーズンによっても、練習の頻度は違ってきます。シーズンオフをしっかり作るということも、精神的あるいは故障から回復するという点でも、必要だと思います。

オフを入れたらゼロに戻るのか

シーズンオフに休養期間を入れると、持久的能力は一般レベルに戻ってしまうのでしょうか。

もちろんまったくトレーニングをしない期間が年単位であるなら、それによるかなりの能力低下は避けられません。しかし1～2か月程度なら、トレーニングを再開して数か月から半年で、十分戻せるように思います。トレーニングされた人では、一度トレーニングを中止したあとで再開した場合のトレーニング効果の現れ方が、トレーニングされていない人よりも早いということがあるようです。それはトレーニングによって筋肉に遺伝子発現をもたらす核が増えていて、数か月のトレーニング中止くらいではその核は減らないので、トレーニング再開で効果が早く出るという考え方です。

つまり、トレーニングによって筋肉の中でミトコンドリアを増やすための機構も発達してきており、トレーニング再開後も、それによってミトコンドリアが早く再合成されやすくなるということです。

休養期間のジョグ 図30

ここで、休養期間の別の実験結果を紹介します。

研究用のサラブレッドを16週間トレーニングさせ、効果が出たあとに6週間トレーニングをやめると、ミトコンドリア酵素活性がトレーニング前の状態に戻っていました。ところがそのトレーニングを中断した6週間に、LT程度の運動を短時間おこなってみると、ミトコンドリア酵素活性の低下がかなり防げました。そのことからすると、シーズンオフでも少し走ることは有効であると言えます。

いっぽうそのLT程度の短時間の運動では、速筋線維に関係する能力は、その期間トレーニングをやらないサラブレッドと同様に落ちていました。

つまり休養期間のジョグは、遅筋線維のミトコン

図30 トレーニングの中断とミトコンドリア酵素活性

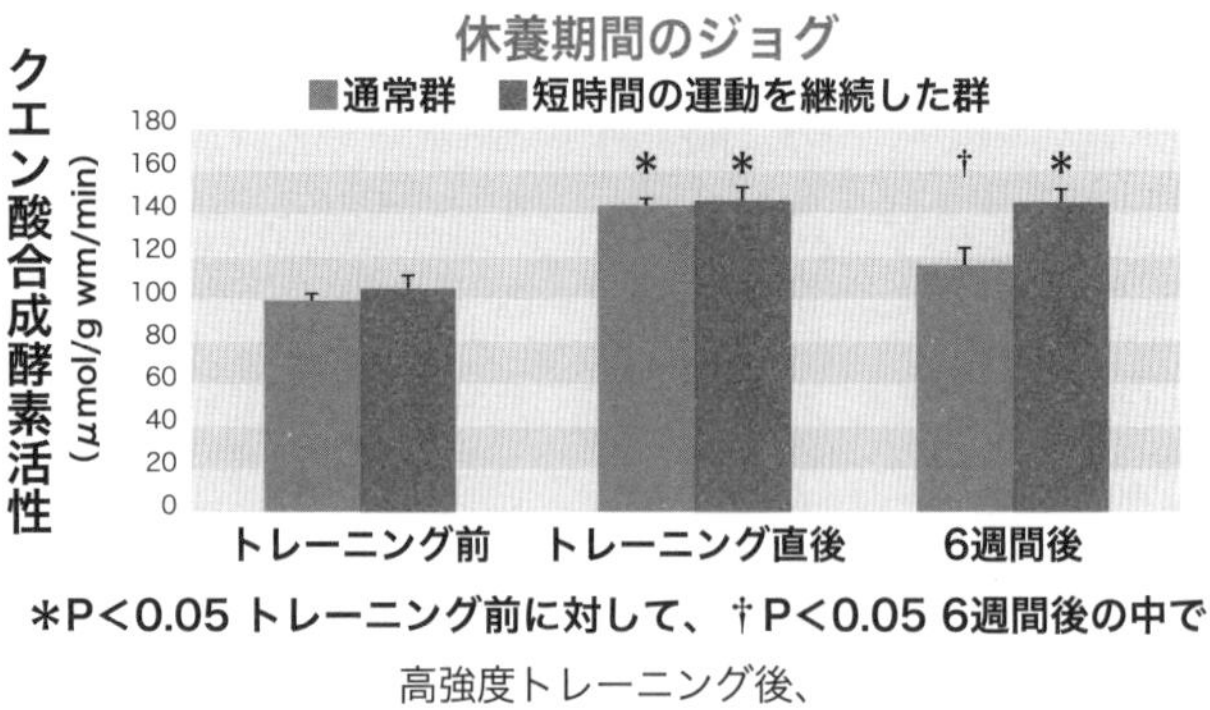

＊P<0.05 トレーニング前に対して、†P<0.05 6週間後の中で

高強度トレーニング後、
6週間トレーニングしていないサラブレッドのミトコンドリア酵素活性は
低下するが、短時間のLT程度の強度の運動をした場合は低下しない

Kitaoka Y, Masuda H, Mukai K, Hiraga A, Takemasa T, Hatta H. Effect of training and detraining on monocarboxylate transporter (MCT) 1 and MCT4 in Thoroughbred horses. Exp Physiol 96, 348-355, 2011.

ドリアを維持するにはある程度の効果はあるものの、速筋線維については効果がないことがわかります。もともとLT以下の強度では速筋線維は鍛えられないので、この結果は当然と言えます。やはり速筋線維を強化する、あるいは維持するには、速筋線維を使う強度でのトレーニングが必要なのは明らかです。これはサラブレッドを使った研究なので、マラソンランナーにそのまま当てはまるかどうかはわかりませんが、この結果はやはりシーズンオフのやり方、そしてトレーニング期間で強度を考えることの重要性を示していると思います。

3 トレーニングの工夫

筋トレ

マラソンに筋力トレーニングは不要なのでしょうか。

私はほとんどこのことについては研究していないので、はっきりした答えを持ち合わせていません。ただし走っているときには、1歩1歩で体重の数倍になる大きな衝撃がかかるので、ある程度の筋力トレーニングは必要だと思います。

例えば短距離選手と長距離選手を比較すると、長距離選手のほうが筋力で劣るということは明らかなのですが、長距離選手の中で比較すると、記録のよい選手のほうが筋力があるということも、以前からよく言われてきています。

もちろん筋トレを主たるトレーニングとするところまではいかないでしょうが、長距離選手の筋力トレーニングについて、もう少し見直されてよいように思います。また体幹トレーニングのような、自重《じじゅう》でのトレーニングも近年はよくおこなわれていて、これもよいと思います。ただし、体幹トレーニングさえやっていれば、筋トレは十分ということでもないように思います。

温熱刺激 図31

ここで私の研究室で報告してきた、温熱刺激がトレーニング効果を高める可能性について触れます。身体を温めることによって、血液循環がよくなります。タンパク質合成も、温度が適度に上がることで高まります。ウォーミングアップは、まさに身体を温めることの重要性を示しています。

そこでマウスに30分間の持久的トレーニングをさせたあとで、温かい40度のチャンバーに30分入れる、という実験を3週間おこなってみました。その結果、ミトコンドリアに関して持久的トレーニングの効果が高まることがわかりました。この結果は、温熱刺激によって、ミトコンドリアの合成が高められるというよりは、ミトコンドリアの分解が抑えられることによる影響のほうが大きいということもわかっています。ただし温熱環境は、へたをすると熱中症の危険もあります。この研究でも、40度という設定も大事なポイントで、42度では熱中症のような状態になります。過度に熱いとマイナスですが、適度に身体を温めることによって、トレーニング効果が高まる可能性があるのです。

では逆に、冷やすのはどうでしょうか。一般に冷やすというのは、炎症を抑える目的です。連戦するようなプロスポーツ選手等では有効かもしれません。

図31　温熱刺激とトレーニング効果

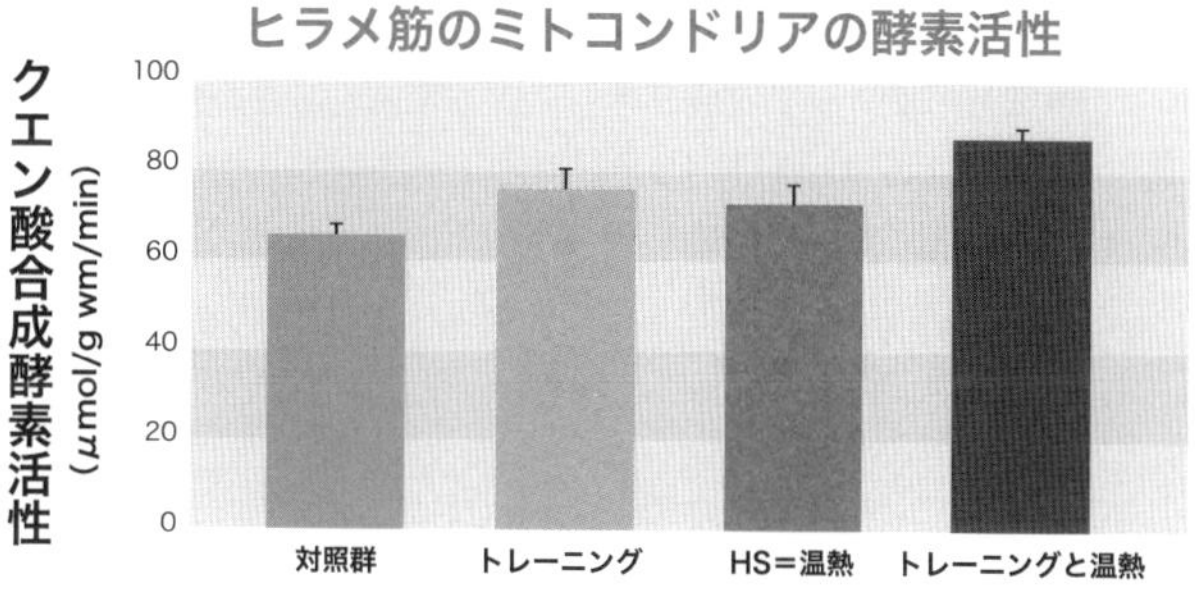

トレーニングP＜0.001、温熱P＜0.0001

ミトコンドリアの酵素活性は、トレーニングや温熱刺激で増加し、両方ともおこなうとさらに増加する

Tamura Y, Matsunaga Y, Masuda H, Takahashi Y, Terada S, Hoshino D, Hatta H. Postexercise whole body heat stress additively enhances endurance training-induced mitochondrial adaptations in mouse skeletal muscle. Am J Physiol Regul Integr Comp Physiol. 307, R931-R943 2014.

しかしトレーニング効果という点では、マイナスになる可能性が高いと私は思います。ただしこれも、研究者によっても結果や考え方は一致していません。温熱刺激同様に、どのような寒冷刺激を与えるかによっても、結果は違ってくるようです。

高所トレーニング、低酸素トレーニング

1968年のメキシコ五輪は高所でおこなわれましたが、選手は事前に富士山などの高所で順化して大会に臨んだことが知られています。平地での大会でも、その後徐々に、大会前に高所でのトレーニングがおこなわれるようになりました。最近では大会前に限らず、年間スケジュールの中で、高所でのトレーニングがよくおこなわれています。さらに通常の生活の中でも、人工的な低酸素環境室に入ってトレーニングすること（低酸素トレーニング）もおこなわれています。

それではマラソンにとって、そのようなトレーニングはどのくらい有効なのでしょうか。

もともとの高所トレーニングの目的としては、高所での低酸素環境に対する適応として増血作用が高まることを利用して、血液の酸素運搬役であるヘモグロビンを増やす、ということがあげられます。ヘモグロビンが増えれば、持久力アップにつながる可能性が高くなります。

ただしヘモグロビンが増えることで、血液の粘度が上がり、血液を通りにくくする可能性も考えられます。ヘモグロビンが増えさえすればよいという考えから、特に女子長距離選手に本来医療目的の鉄剤注射をしてしまう問題点も指摘されています。

その他、人によっては高所トレーニングの負荷が大きすぎ、オーバートレーニングとなり、逆効果になってしまう可能性もあります。また高所ではきついので、スピードが低下してしまうという問題点も考えられます。

乳酸パラドックス＝糖分解の抑制

高所トレーニングでヘモグロビンの増加を期待するのであれば、少なくとも3週間は滞在が必要です。したがってヘモグロビンを増やすことが目的なら、数日の高所での滞在や数回程度の低酸素環境(例えば都市部での人工低酸素室）でのトレーニングでは、大した効果は期待できないはずです。しかし実際には、こうした高所トレーニングや低酸素トレーニングもおこなわれています。

そこで低酸素環境での効果として、私が重要だと思うのは、糖分解の抑制です。高所に行って順化してくると、乳酸が平地での運動時よりも減ってくることが知られています。高所では酸素が減るので乳酸がより作られそうなものですが、逆のことが起こるので、「乳酸パラドックス」（＝乳酸逆説）と言ったりもします。

これは、低酸素環境になると、糖分解が抑制されることを示しています。おそらく低酸素環境では、身体に多くのストレスがかかります。ストレス状況での身体は、糖を分解して対応しようとしますから、低酸素環境でいきなり運動すると、最初は糖分解がある程度高まって乳酸が増える方向になります。しかしそうなると、糖がどんどん減ることになります。そこで低酸素環境に順化することによって逆に糖を保存するように、糖分解を抑える反応が強くなっていきます。その結果が乳酸パラドックスと考えることができます。

面白いのは、この糖分解の抑制が起こるのに、必ずしも数週間、低酸素環境にいる必要はないということです。例えばトレーニングのときだけ低酸素環境にいるようにして、それを数回繰り返す程度でも、糖分解の抑制は起こります。そして同様に一度低酸素適応を経験すると、しばらくしてからまた低酸素環境でトレーニングを数回おこなうだけでも、糖分解抑制は起こるようです。

ヘモグロビンの増加に数週間の高所滞在が必要なのに比べて、糖分解の抑制はもっとすばやく起こり得ると考えられます。もちろん低酸素環境でのトレーニングによる血中乳酸濃度の低下は、トレーニング効果でミトコンドリアが増えて、乳酸の酸化量が増えたことによる可能性もあります。

糖分解の抑制はマラソンにも有効

糖分解が抑制されることは競技に有効なのでしょうか。

運動時、特にダッシュやスパートをしたりした場合には糖分解が急に高まり、乳酸が多く作られます。こうした糖分解の高まりは、私は必要以上に、過剰に起きていると考えています。過剰に起きていても、乳酸ができればそれをまたじっくりと使っていけばよいので、通常はあまり問題にはなりません。ところが数分程度の高強度運動である競泳や中距離走では、糖分解はレース前半ですぐに落ちてしまう特性があるので、糖分解が過剰に進むとレース後半になるともう糖分解が進まず、ペースが低下する原因の1つになるのです。

いっぽうマラソンでも、糖分解が過剰に進むことは問題です。つまり糖分解を過剰に進めてしまうと、限りある糖を多く使ってしまうことになり、ゴールまで走りきれなくなってしまいます。低酸素トレーニングをおこなうことによって、糖分解が抑制できるのであれば、それだけ糖をゴールまで保存できる可能性が高まります。

このようにマラソン前に低酸素環境を利用してみる価値はあるでしょう。ただしかなりのストレスをかけるトレーニングでもあるので、慎重におこなうべきです。

魔法の方法とも言いきれない

私の研究室でも、通常の日常生活を送っている中で、トレーニングのときだけ低酸素の空気を吸いながら、高強度インターバルトレーニングをするという実験をおこない、通常の空気を吸う条件での効果と比較してみました。

すると予想に反して、低酸素トレーニングよりも、通常の条件でトレーニングした選手のほうがトレーニング効果が大きい傾向にある、という結果が出たことがあります。これはおそらく、低酸素トレーニングのほうがきついので、結局追い込めず、通常の酸素摂取の条件のほうがしっかりトレーニングできたということではないかと考えられます。これは普段からあまりこのような追い込みタイプのトレーニングをしていない選手の結果、ということも関係していると思われます。

要するに、低酸素トレーニングは魔法の方法ではなく、場合によってはかえって逆効果になることもあるのです。低酸素条件のほうがきつくなるので、それなりの効果が上がることを期待するわけですが、逆に実際には、しっかりトレーニングできないという可能性や、きつすぎて適応できなくなったり、スピードが上がらないという問題点が出てきます。

坂道トレーニング

マラソンは平坦なコースが基本ですが、42㎞すべて平坦という状況はなかなかありません。どうしても途中には坂道が入ります。特に中盤から後半に上り坂があるようなコースとなると、ただでさえきつい状態での坂道ですから、大変厳しいことになります。

坂を走るときには、太腿前部や臀部の筋肉をよく使い、通常のトラックなど平地を走るのに比べて、違う筋肉も使います。したがってそのような筋肉を強化しておくことは必要ですから、マラソンのトレーニングで坂道を取り入れることは有効です。

例えば競走馬ではよく坂路《はんろ》調教がおこなわれます。これによって、サラブレッドに推進力がつくとも言われます。同様にヒトの坂道トレーニングでも、推進力の向上は期待できます。また同じ速度でも、生理学的強度が高くなることによる効果も期待できます。

クロスカントリー走は、野山を走りながら強度が上がったり下がったりするので、乳酸を多く作った状態で走り続けるということから、ミトコンドリアを増やす効果が期待できますが、坂道でのトレーニングという点でも有効です。

4 トレーニングと栄養

マラソンでは、レース前の糖の摂取が重視されますが、トレーニング期間中の糖摂取も、トレーニング効果やトレーニングの継続の観点から、重要になってきます。またトレーニングによってミトコンドリアや毛細血管が増えますが、ミトコンドリアや毛細血管はタンパク質が主体になってできていますので、トレーニング前後でのタンパク質の摂取も重要です。さらには栄養摂取によって、ミトコンドリア等におけるトレーニング効果が高められる可能性も出てきます。

ここでは、トレーニング期間中の栄養摂取と、トレーニング効果について考えてみましょう。

糖回復は難しい

走るときのエネルギー消費量は、おおよそ距離1km、体重1kgあたり、1・0キロカロリー／kgでした（P.52参照）。

体重60kgの人が30km走ったら、1800キロカロリーになります。このときの強度がLTくらいで、糖：脂肪の利用比率が1：1だとすると、1800キロカロリーの半分、900キロカロリー＝225gの糖を消費することになります。通常はもう少し強度を上げて走るので、糖をもっと多く使っていると考えられます。何も運動していない日常生活でも1日に2000キロカロリー程度を使いますが、安静時には糖と脂肪の利用比率が1：2くらいですから、安静にしていても666キロカロリー＝167gの糖を消費します。通常は1日中安静にしているだけではないので、もう少し糖を使って200gくらいは使うと考えられます。30km走ったとすれば日常生活で使う200gに走った分の225gをプラスして、425g以上が使われたことになります。そこで糖を少なくとも同じ量摂る必要があります。実際には糖の一部は脂肪にもなっているので、さらにたくさん食べる必要があります。

しかし実は、この「糖をたくさん食べる」ということが、そう簡単ではないのです。糖は水を伴うので、胃がふくれてしまいます。そこからさらに糖の摂取量を増やすのは大変です。したがって、30kmくらい走ったとすると、その日に使った糖をその日のうちに補充することは難しくなります。長い距離を走ること、糖が減ること、それから糖を補充することの3つは、マラソンのトレーニングでは密接な関係にあります。このように、たくさん走ると、その日のうちにグリコーゲンを元通りに戻すことはかなり難しいのです。

グリコーゲン合成を高める 図32

貯蔵糖であるグリコーゲンをトレーニング後に高めるには、もちろん糖の摂取量がどのくらいかが一番影響します。前述のようにたくさん走ったあとは、とても使った量に見合う量は食べられないのですが、いっぽうでグリコーゲンの補充は、一緒に摂るもので高められる可能性があります。とは言っても、あくまで補助的に高めるということです。

例えばアミノ酸を糖と一緒に摂ると、グリコーゲン合成が高まることはよく報告されています。ただし、運動後のBCAA（BCAA=Branched Chain Amino Acid：分岐鎖アミノ酸）摂取で、逆にグリコーゲン合成が減るという報告もあります。

また私の研究室でおこなったマウスの実験では、

図32 長時間運動後の筋グリコーゲン濃度の変化

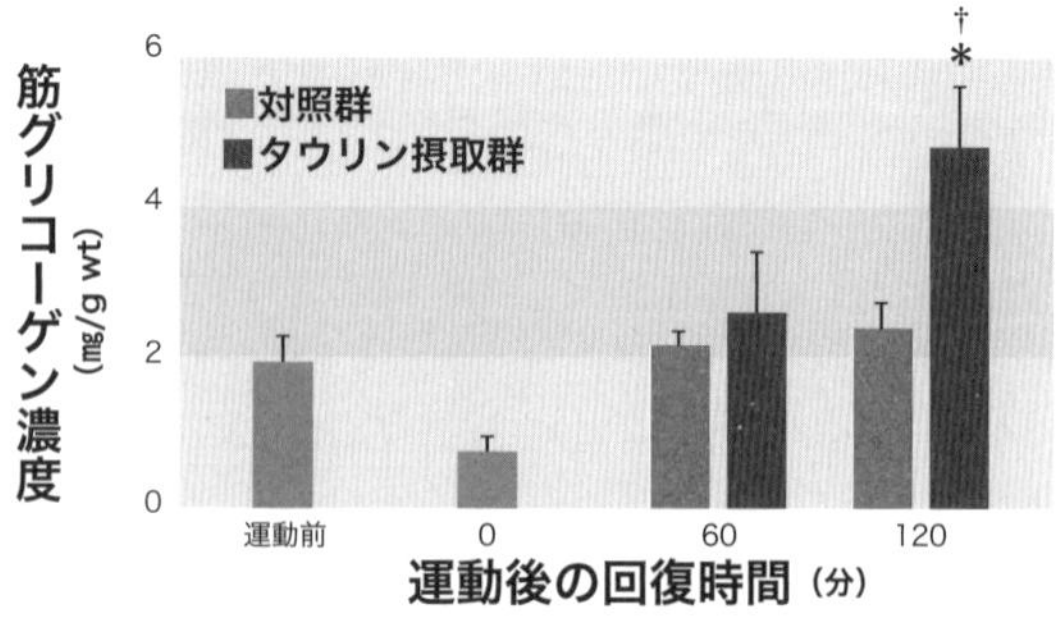

＊P<0.05 対照群に対して、†P<0.05 運動前に対して

長時間の運動後に糖とタウリンを摂取することによって、
筋グリコーゲン合成が高まる

Takahashi Y, Matsunaga Y, Tamura Y, Urushihara E, Terada S, Hatta H. Post-exercise taurine administration enhances glycogen repletion in tibialis anterior muscle. J Phys Fitness Sports Med, 3 : 531-537, 2014.

持久的運動後にタウリンを糖と一緒に与えると、グリコーゲン合成が高まるという結果になりました。タウリンは疲労回復に関係すると言われています。これはタウリンが大変よく溶ける物質であり、運動後の体内状態を早く回復できる可能性があるからではないかとも考えられます。

このほか脂肪酸の一種とも言えるケトン体でも同様に、グリコーゲン合成が高まっていました。これはケトン体を利用することで、糖の消費や脂肪への変換が抑えられて、貯蔵に回された結果と考えられます。さらには乳酸はエネルギー源ですが、運動後にはある程度はグリコーゲンに戻されます。すなわち運動後の乳酸摂取はグリコーゲンを増やすということです。

ただしここで取り上げたアミノ酸、タウリン、脂肪酸、乳酸は、どれも通常は食事で摂取しているものですから、糖摂取以外には、あまり意識的に摂取する必要性がないとも言えます。

BCAA

BCAAすなわち分岐鎖アミノ酸は、バリン、ロイシン、イソロイシンの総称です。筋肉に一番多いアミノ酸です。

BCAAの中でも特にロイシンは、タンパク質合成を高めることが知られています。このことから、筋力トレーニングで筋肉をつけたい場合のサプリメントとして、ＢＣＡＡはよく用いられています。また最近では、筋力トレーニングだけではなく、持久的トレーニングでも、ロイシンによりミトコンドリア合成が高まるということもわかってきました。つまり持久的トレーニングをすれば、ロイシンからタンパク質合成が高まって、ミトコンドリアの合成が高められるので、走ったあとすぐにＢＣＡＡを摂ることができれば、トレーニング効果が高まる可能性があるのです。

ただしＢＣＡＡの３つのアミノ酸は、途中から同じ経路をとって代謝されます。ロイシンだけを摂ると、ＢＣＡＡ全体を代謝する経路の働きが高まり、結果的に他の２つのＢＣＡＡが減ってしまいます。したがって、バリン、ロイシン、イソロイシンが３つとも配合されてＢＣＡＡとして市販されているのが通常です。またアミノ酸を大量に摂るのは、神経毒であるアンモニアを体内に増やす危険性があります。アミノ酸をトレーニング直後に摂るのがよいといっても、一度に大量に摂るのは避け、市販の１袋だけにしておくとよいでしょう。

ペプチド 図33

タンパク質は、胃で酸性の胃液と物理的な攪拌《かくはん》にさらされてばらばらになります。しかし１つ１つのアミノ酸まで完全にはばらばらにならず、少しアミノ酸がつながっているペプチドの状態でも吸収されるようです。例えば乳タンパク質のカゼインを短くしたペプチドを摂取すると、タンパク質よりは吸収が早く、ロイシンだけというようなアミノ酸の偏りがないので、摂取バランスがとれているということになります。

そこでこのカゼインペプチドを運動前に摂取することで、トレーニング効果が上がるかどうかをマウスで調べてみました。すると速筋線維の多い足底筋では、トレーニング効果はあるが、ペプチド摂取のさらなる効果は見られませんでした。

いっぽう遅筋線維が多いヒラメ筋では、ペプチドを摂ることで、ミトコンドリアがより増えるという効果が得られています。また同様の結果として、アミノ酸の多いロイヤルゼリーの摂取でも、ヒラメ筋で持久的トレーニングによってミトコンドリアがより増えていました。

あくまでこれは、マウスによる比較的強度の低いLTくらいの強度でのトレーニングでの結果ですが、このようにトレーニングの前後にペプチドやアミノ酸を摂ることが、トレーニング効果を高められる可能性はあるようです。

図33 カゼインペプチドの摂取とトレーニング効果

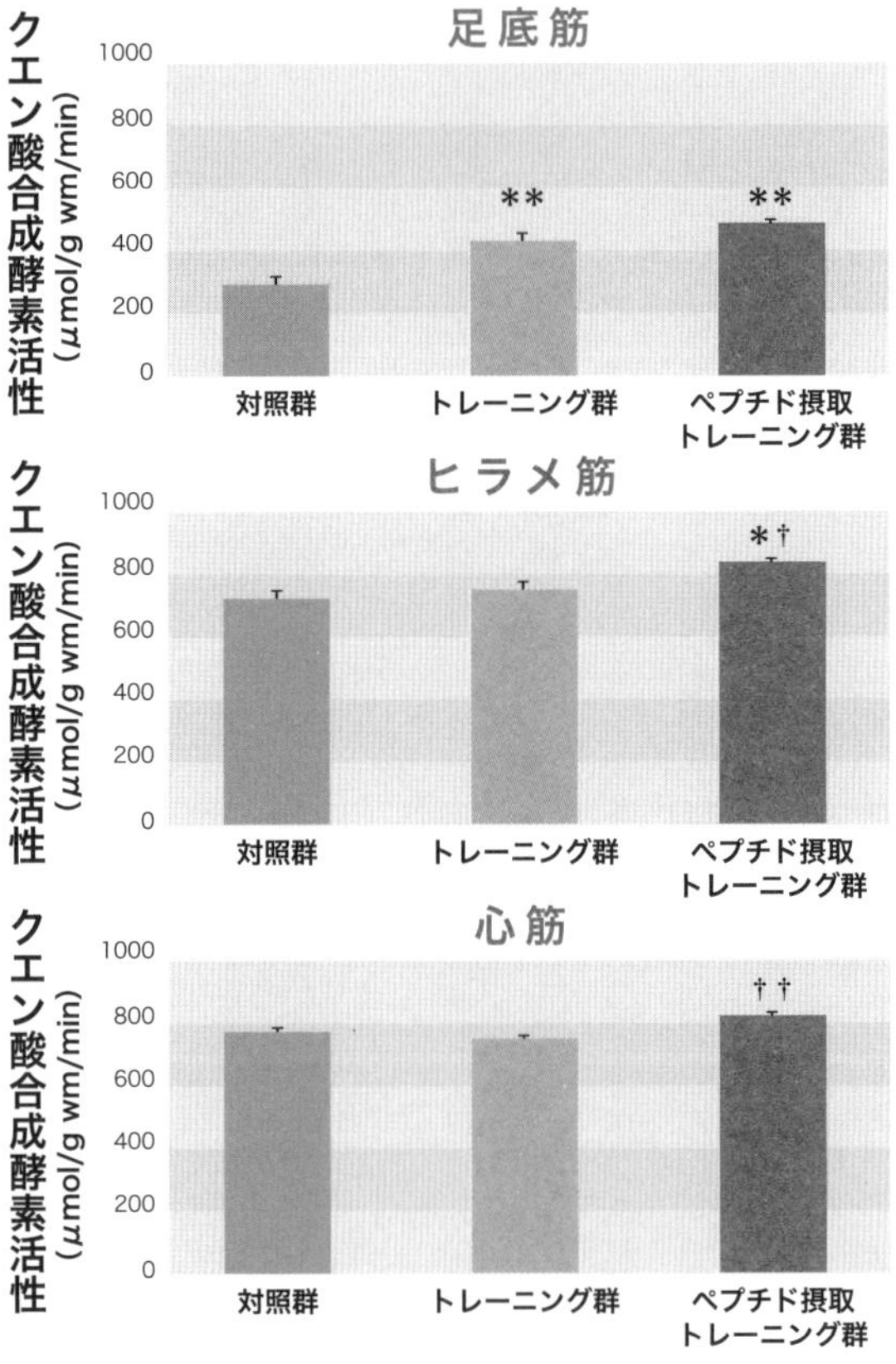

＊＊P<0.01 対照群に対して、＊P<0.05 対照群に対して
††P<0.01 トレーニング群に対して、†P<0.05 トレーニング群に対して

速筋線維主体の足底筋では、トレーニングだけで効果が出るが、
遅筋線維も多いヒラメ筋や類似した心筋では、
トレーニング時にカゼインペプチドを摂取することで
ミトコンドリア酵素活性が高まった

Matsunaga Y, Tamura Y, Takahashi Y, Masuda H, Hoshino D, Kitaoka Y, Saito N, Nakamura H, Takeda Y, Hatta H. Pre-exercise casein peptide supplementation enhances endurance training-induced mitochondrial enzyme activity in slow twitch muscle, but not fast twitch muscle of high fat diet-fed mice. J Phys Fitness Sports Med 4 : 377-384, 2015.

ビタミンB1

代謝を助けてくれるビタミンのうち、特にビタミンB1は糖の利用に必要です。このビタミンB1が足りないと脚気《かっけ》になります。明治時代の日露戦争の頃、陸軍は米食によるビタミンB1不足で脚気被害が大変多かったのに対して、海軍はパン食だったので被害が少なかったことはよく知られている話です。

ビタミンは絶対必要ですが、足りていれば過剰に摂ってもさらに効果が上がるものではありません。現代の栄養豊富な食生活をしている限りにおいては、通常はビタミン不足ということはあまり考えられません。ただしたくさん走っているにもかかわらず、体重を気にして食事を制限するようなマラソンや長距離の選手では、ビタミン不足があり得ないことでもないようです。

ビタミンB1は、足りている場合にさらに摂取すると、肝臓等における脂肪代謝を促進する働きもあるようです。その結果として、運動後のビタミンB1摂取は、糖を脂肪により回して、グリコーゲン合成をむしろ抑える可能性があるという結果を私たちは得ています。ビタミンB1は疲労回復と言われていますが、運動後に摂るというよりは、運動に備えて運動前に補充するほうがよいと言えます。

しかし繰り返しますが、通常のバランスのよい食生活ができていれば、あまり意識しなくてもよいものです。つけ加えて、ビタミンB1が乳酸を減らして疲労回復につながるといったことはありません。

サプリメントよりもまずは食事

このようにトレーニング前後の摂取によって、ある程度トレーニング効果を高められる可能性のあるサプリメントはあります。ただしこれらはあくまで補助的なもので、本来は3度の食事をきちんと摂ることが重要だということは、くれぐれも忘れてはなりません。

42km走るマラソンでは、過度の脂肪量はそれは負担になります。しかしいっぽうで、月に何百kmも走るトレーニングが、きちんと食事をしないでできるものではありません。

走るときには着地時に足の裏にある血管を潰します。そのことで赤血球が壊れやすくなります。長距離選手は、そのことが原因で貧血になりやすくなると考えられます。やはりこの点でも、適切な栄養摂取が第一です。

サプリメントは、あくまで補助的に摂るものです。ましてや薬ではありませんから、過度に効果を期待するものではありません。まずトレーニングがあり、それに対してまっとうな食事、さらに付け足しで運動の前後に少しサプリメント、ということです。また例えばトレーニングをあまりしないシーズンオフや試合前の調整期に、サプリメントを摂るものではありません。

マラソン前の準備

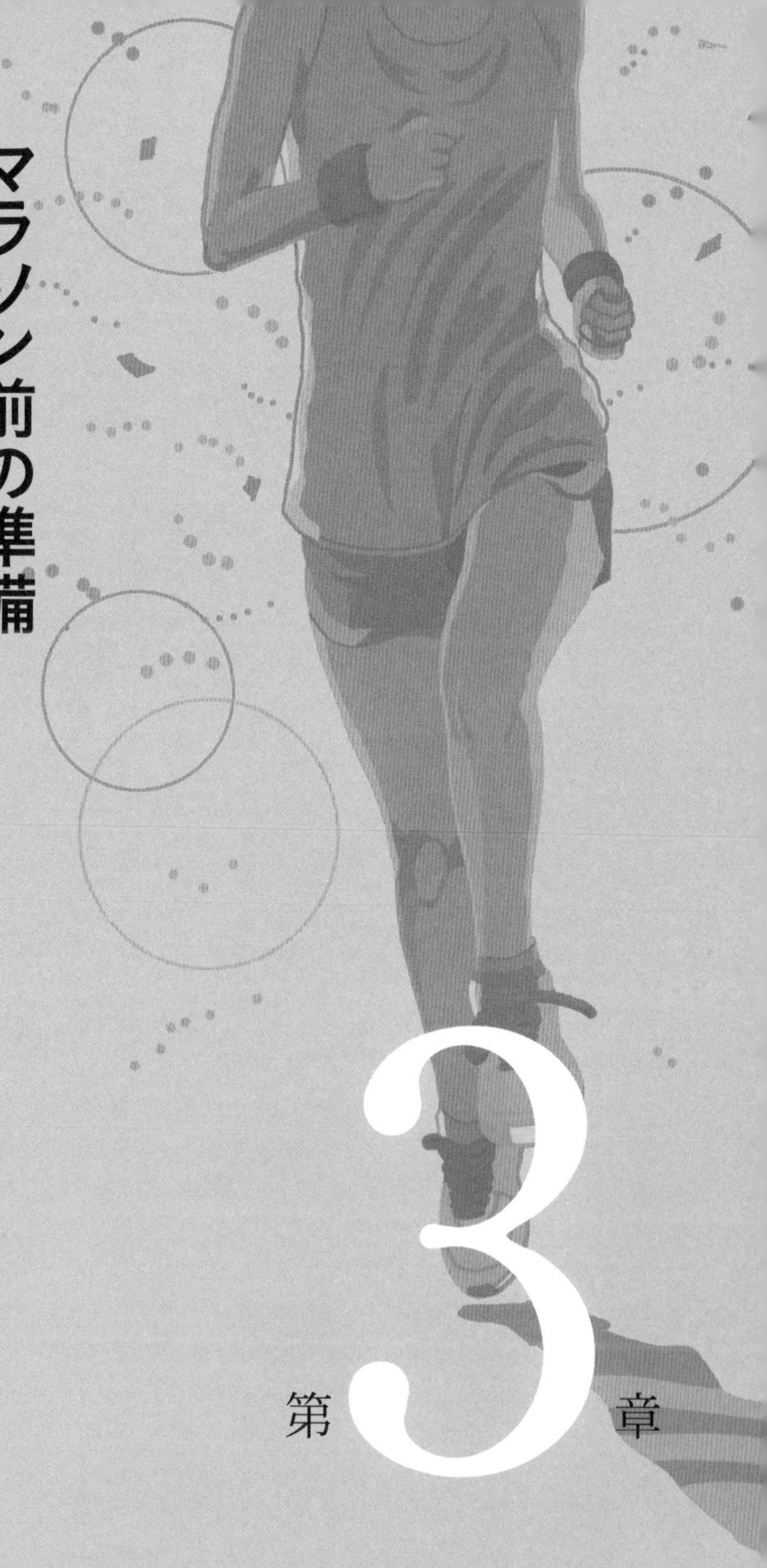

第3章

マラソンがだんだん近づいてきました。マラソンへの最終準備段階に入っていきましょう。

この最終準備段階の時期は、トレーニングは当然減らして、リフレッシュを図っていくのですが、この時期にいったい何ができるのかと言えば、そう多くのことができるわけではありません。トレーニングは少なくなるわけですし、それだけ栄養摂取も重要度が減ってきます。

第3章では、これまでの章をおさらいしながら、準備段階から前日までについて考えていきます。

1 最終準備段階での調整

基本は日常生活

マラソンに限らず、本番前の一番の基本は、普段通りにして穏やかな日常生活を送ることでしょう。

リラックスしようとして普段やらないこと、例えば映画を観に行ったりすることが、結果的に精神的に疲労感を高めるだけだったり、緊張をあおるだけだったりすることもあります。

本番であれもこれも必要になるかと思って買い物に行って、足は疲れるし、結局それらは買っても使わずに出費がかさんだだけ、ということにもなりかねません。本番前にいろいろ考えて準備しようと思っていると、逆に普段通りの生活ができなくなってしまうのが人間、ということなのでしょうか。

いつから調整期

本番のどのくらい前から調整を始めるべきなのでしょうか。

通常の競技では1か月以上の単位で、鍛錬期と試合期とに分けて考えていくことも多いのではと思います。しかしマラソンは、トレーニングの継続も必要な種目ですから、鍛錬期と試合期の差がそんなに大きくないとも言えます。本当に大事なレースの数週間前くらいから、トレーニングであまり厳しい状態に追い込まないといったくらいが一般的でしょうか。

いっぽう第2章で紹介した高所トレーニングや低酸素トレーニングなどは、本番1～2週間程度前までおこなわないと、ヘモグロビンの増加や糖分解抑制等の効果が減ってしまうことも考えられます。高所トレーニングは、もともとトレーニングのやり方自体に難しい側面があり、さらに本番がかなり迫った時期までおこなうという点でも、難しいトレーニングと言えます。

本番1週間前くらいになると、通常は心身ともにリフレッシュしていくことが必要ですが、不安から逆にトレーニングが増えてしまう、あるいはトレーニングは減らすものの、それで緊張が高まり、不調のような感覚に陥ってしまうこともあり得ます。どんなにうまくトレーニングしてきても、風邪を引いたり体調不良になってしまうと、すべてが台無しになるのですから、本番直前の過ごし方は本当に重要なのですが、この時期にあまりやれることはないのも事実です。

とにかく自分なりのやり方をして、ストレスなしにするというのが大切です。のちほど紹介するグリコーゲンローディングも、まさに本番前にストレスをかける方法になるのですが、この時期におこなうこととして例外的にとても重要になってくるので、これは慎重にやる必要があります。

調整段階でどのくらいトレーニングをするべきか 図34

トレーニングをおこなうことで身体の機能は高まりますが、トレーニング直後は、かえって機能が低下することがあります。

筋肉が伸ばされながら力を出す伸張性収縮では、大きな力が出ますが、それは筋に微細な傷がつくことでもあります。それを修復する過程で起こるのが、運動後の筋肉痛と考えられます。伸張性収縮に限らず、トレーニングにおいてはその他にも、例えば活性酸素の産生とか筋温の過度の上昇などの要因によっても、筋肉が損傷したり、ミトコンドリアが壊れたりすることがあります。そうすると筋肉の機能が、トレーニング直後には一時的に、トレーニング前よりも低下してしまうことになります。しかしそれが数日くらいで回復することで、トレーニング効果が現れると考えられ、このことを超回復と言ったりします。マラソントレーニングの場合、毎日のように走るのですから、少し筋に傷がついてそれを修復することを毎日繰り返しています。

図34　超回復の概念

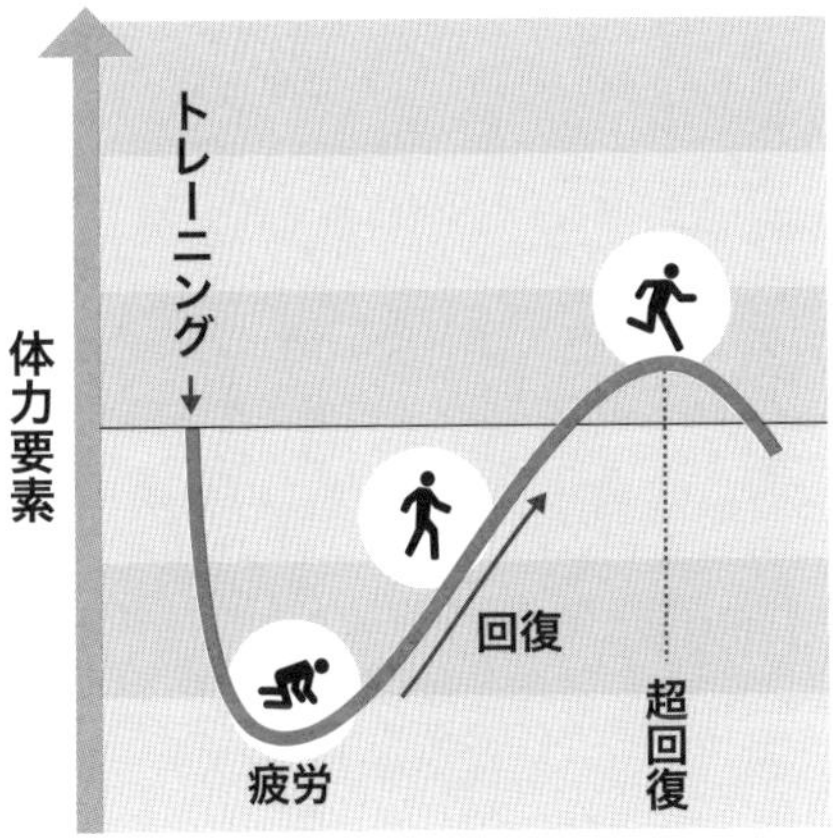

トレーニング直後の筋の機能は低下するが、
その後回復してトレーニング前よりも高まる

トレーニングを開始するとミトコンドリアを壊す働きも高まり、その結果機能が落ちているミトコンドリアは除去されます。トレーニングを継続していると、機能の落ちたミトコンドリアが減ってくるので、ミトコンドリアの除去は低下します。この点では本番前にトレーニングを減らしてもあまり不安になる必要はありません。ただし本番前にどれだけトレーニングを落としたらよいのかは、非常に難しい問題です。

どれだけ落ちるのか

トレーニングをしないと機能が落ちるのは確かです。

ではどのくらいの期間トレーニングをしないと、どのくらい機能が落ちるのかというと、簡単に言えることではありません。トレーニングの3原則の1つ「頻度」（P.100参照）のところで出てきましたが、一般的には、週1回のトレーニングでは、持久的能力についてはせいぜい維持できるかできないか程度なので、週2回が望ましいということです。しかしマラソンを走る人にとっては、週4～5回でも維持できないくらいの感覚でしょうか。そうなると、本番前にトレーニングをしないといったことは、とても受け入れがたい、という方も多いのではないかと思います。

いっぽう通常と同じトレーニングを継続して本番、というのはよくありません。それは筋肉の傷の修復という観点だけではありません。前述のように、きついトレーニングではアドレナリンが出ます。アドレナリンは、身体の厳しい状態に対処するためにできるのですが、いつもアドレナリンが出ていると、身体が反応しきれなくなってきます。それがオーバートレーニングと呼ばれるような症状の1つの原因と考えられます。マラソンのような厳しい状態になる場面が近いうちに起こるのですから、アドレナリンを出さないで休養することが、本番でアドレナリンの働きを高め、完走しやすくさせる可能性が考えられます。

軽いジョグ程度で

私自身は、トレーニング休止という研究はあまりしたことがありません。1つしっかり結果が出た実験は、「休養期間のジョグ」（P.104参照）で出てきましたが、サラブレッドのトレーニング休止に関する研究です。高強度トレーニングで効果の出たサラブレッドを、その後6週間トレーニングをおこなわない場合と、LT程度の強度での走行を少しだけおこなう場合を比較し、検討しました。

その結果、何もトレーニングをしないと、6週間でトレーニング効果はなくなることがわかりました。ただし軽くジョグ（LT程度の強度）をすることで、速筋線維に関係の強い因子は維持できませんでしたが、遅筋線維に関係の強い因子は維持できていました。

これは速筋線維の多いサラブレッドを用いた結果なので、マラソンランナーに当てはまるとは限らないですし、本番前のトレーニング削減を模したものでもありません。しかし速筋線維的な要素、つまりスピードなどについては、やはり1か月以上ジョグだけでは維持できませんが、遅筋線維的要素はジョグだけでもそれなりには維持できることがわかります。ましてや本番前1週間だけを、それまでより練習しなくても、おそらく機能的には大きな問題はないだろうということがわかります。そのときの状態によりけりですが、不安にならずに本番前には勇気を持って休む、というのがよいのではないかと私は思います。

刺激を入れる

大事な試合前の調整期に、「刺激を入れる」という言い方をすることがあります。陸上関係者の用語だと思いますが、意味するところは、本番前で全体としてはトレーニングの質と量は落とすが、一度それなりの練習を入れるという意味で使われる場合が多いようです。長距離選手であれば、1000mあるいは3000mといった、比較的短めの距離を1本あるいは数本走ることをおこなっている場合が多いと思います。おそらく調整期にゆっくり走るだけだと、速筋線維の要素が維持できないので、速筋線維に働きかけるような速い動きを一度しておくといった意味づけができます。

これは長距離走の本番直前の1つのやり方として有効だと思います。ただしマラソンを走るということからすれば、レースペースを超える強度で短い距離を走るわけですから、こうした練習がどこまでマラソン本番前に必要なのかとも思います。特に本番前にどのような練習をしたらよいのかは、自分で試行錯誤をしてよい方法を見つけていくしかなく、これだという正解があるわけでもありません。またそのときの体調によっては、いつもと同じやり方はしないということもあるでしょう。

ともかく本番前は、走るにしても、さっとやってさっとあがる、ぐずぐずしないことが基本です。そうした中で、このように刺激を入れるということを試してみる価値はあります。本番前は、不安との闘いでもあるので、この時期にあまり無理をせず、機能は落とさずに疲労は抜くという意識です。あまり不安を持たずに本番に向かっていくにはやはり、自分のやり方を作っておくのがよいようです。

サプリメントに頼らずきちんと食事を摂る

世の中に多くのサプリメントに関する情報があふれていますが、おかしなものも多いという印象です。まず栄養の基本は、食事をきちんと摂ることです。これは鍛錬期であっても、調整期であっても、本番前日であっても、変わりません。

特に本番前の調整の段階では、練習量も減っているのですから、特にサプリメントを意識して摂る必要はありません。マラソンは長時間で大変だから、それに備えてサプリメントを体内に貯めるといった発想はしないようにしてください。補助的に食べるものは、体内には貯まりません。逆に脂溶性ビタミンのように貯まったりすると、かえって身体に害になる場合も考えられます。

トレーニングを減らしていくということからすれば、普段のトレーニングしているときの食事よりも減らさないと太ってしまう、という考え方もあると思います。いっぽうで、調整してトレーニングを減らすといっても、極端に減らしてしまうわけでもないので、あまり気にしなくてよいという考えも成り立ちます。中高年になってくると、食事のパターンも一定になっていて、トレーニングの有無によるその日の食事量の変化はそんなにはないのが通常です。あまり気にしないで、胃腸の負担増を避けるということでよいのではないでしょうか。

2 グリコーゲンローディングの考え方

グリコーゲンローディング

ではいよいよ、他の種目と比べてみても栄養的な観点で特徴的である、マラソンの準備段階におけるグリコーゲンローディングについてです。

まず体内の糖貯蔵量は、マラソンを走りきるには十分ではありません。このことはマラソンのエネルギーマネジメントを考えるうえで、頭に入れておいていただきたい主たる内容でした。そうするとゴールまで糖を残すには、使い方を抑えるか、途中で補給するか、事前に糖を増やしておくしかありません。ただし途中で糖を補給するには限界があり、多くは望めません。

そこで事前に体内の糖を増やしておけないかという方法が、グリコーゲンローディングです。単純に言えば、たくさん糖を食べて、体内に糖を貯めようということです。ただしこれはそんなに簡単で単純なことではありません。かえって身体に負担をかけて調子を崩す可能性があり、やらないという選択肢もあります。

一度減らすと増える 図35

すでに述べたように、体内に筋グリコーゲンは400g、肝グリコーゲンは100gくらいあるのでした。このうち、肝グリコーゲンは血糖値の維持にかかわるので、食間期にはすぐに減りますから、量が大きく変動します。

グリコーゲンローディングとは、基本的には筋グリコーゲンを貯めることです。第1章で出てきたように、糖貯蔵量が増えることにはマイナス面もありますから（P.24「グリコーゲンは溶けていない」参照）、単に糖を多く食べるだけでは、筋グリコーゲンは大きくは増えません。過剰に糖を摂取しても、それは脂肪になってしまうだけです。

ではどうしたらよいのかというと、一度グリコーゲンを減らすことです。一度グリコーゲンが減ると、身体には糖を早く増やそうという反応が起きます。そのとき糖を多く摂れば、グリコーゲンをそれなりに増やすことができます。これがグリコーゲンローディングの基本です。

そこで古典的と言える方法を紹介します。まず3日間、糖の摂取量を減らします。ある程度糖が

図35 運動後の糖摂取と筋グリコーゲン濃度の時間変化

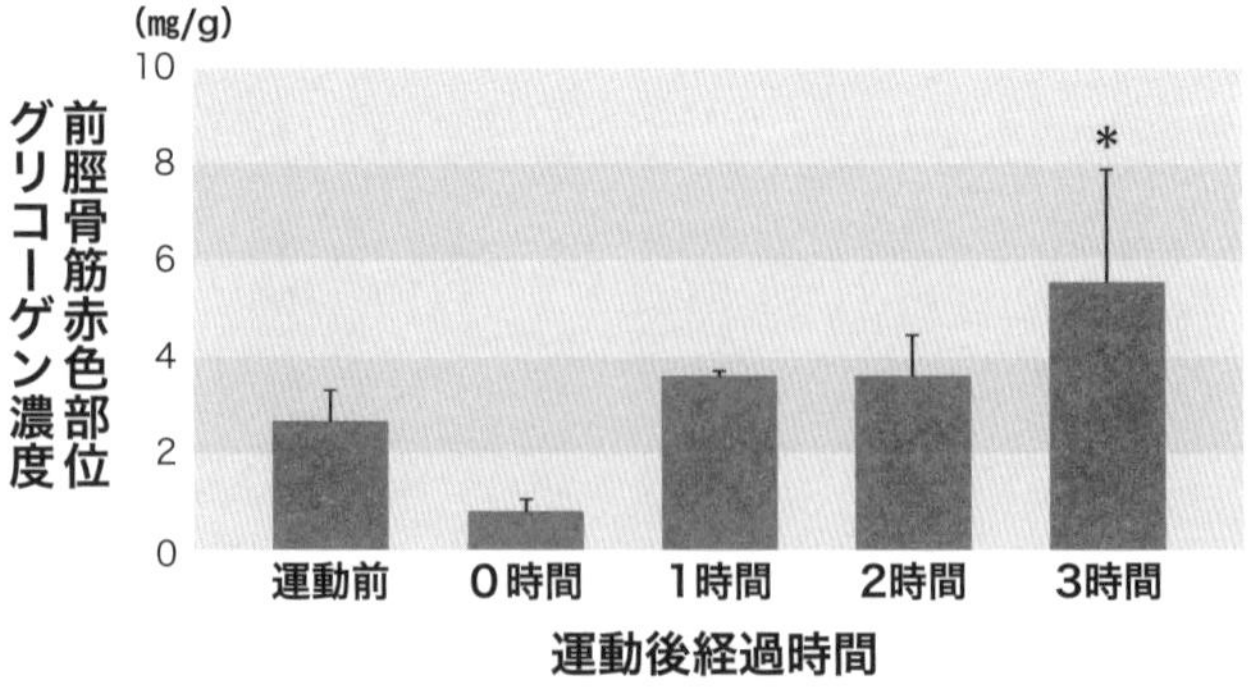

***P<0.05 運動前に対して**

運動後に糖をしっかり摂ることで、筋グリコーゲンを運動前よりも増やすことができる

Takahashi Y, Matsunaga Y, Tamura Y, Urushihara E, Terada S, Hatta H. Post-exercise taurine administration enhances glycogen repletion in tibialis anterior muscle. J Phys Fitness Sports Med, 3 : 531-537, 2014.

減ったら、さらに長時間運動をしてもっと糖を減らし、こんどは次の3日間で糖を多く摂取します。そうするとグリコーゲンが大きく増えることになり、この状態で本番を迎えれば、ゴールまで糖が枯渇することなく、マラソンを走りきれるということです。

試合直前に長く運動できるか？

ところで前項で紹介した方法は、本当に有効なのでしょうか。考えてみると、非常に問題もあります。3日間の糖を減らす期間と、3日間の糖を増やす期間があるのですから、大会6日前から始めるということになり、時間がかかります。前半の3日間は、糖の摂取を減らしておいて、さらに糖を減らす運動をするのですから、本番数日前に長い距離を走ることになります。ただし糖の摂取を減らして、ある程度のグリコーゲンも減らしているので、走る距離は少し短くしてもよいのかもしれません。

しかし糖を減らした状態で走るのは、足が動かずきつく感じられます。気分よく調整したい本番前に、きつい、足が動かない、という意識を持ちながら走ることになってしまいます。気分よく走れるはずがありません。そして直前3日間に糖を多く食べます。糖というのは水を伴いますから、胃がふくれます。おにぎりを5～6個、一度には食べられない方が多いと思います。ということは、胃を中心に負担がかかることになります。

胃腸の弱い人にとっては、この点でもかなりきついことを本番前にやることになります。本番前にはできるだけ普段通りの生活をして、穏やかに過ごすのではなく、逆に普段やらないことを、しかもかなり極端にやるわけです。さらに本当にうまくいってグリコーゲンが増えたとしても、グリコーゲンは水を伴いますから、それだけ体重が増えます。５００ｇのグリコーゲンで３kg程度水を伴うとすると、単純計算では１００ｇのグリコーゲンには６００ｇの水が伴うので、１００ｇグリゴーゲンが増えたら体重が計７００ｇ増えることになり、それだけ身体が重く感じられます。

このように考えると、グリコーゲンローディングはよいことだらけではなく、むしろ、本番前に調子を崩すような危険性の高い方法でもあることがわかります。

もともと西洋的な発想

このグリコーゲンローディングという方法は、もともと西洋的な発想からきています。西洋の食事は、糖の割合が和食よりも少なく、一般的にはカロリー比で、総摂取カロリーの40〜45％程度なので、糖摂取量を増やすのは比較的簡単です。

いっぽう日本人の栄養摂取においては、糖の摂取が多く、食事が西洋化してきたとされる今でも、総摂取カロリーの55～60％くらいになっています。かつて一汁一菜といった食事をしていた頃は、さらに糖の割合が高くなっていました。この状態は西洋的食事から見れば、毎日高糖食、グリコーゲンローディングみたいなものです。

このように日本では糖摂取がもともと多いのですから、さらに糖を増やすという発想は出てきませんし、現実問題として、私たちが糖摂取をさらに増やすのは楽ではありません。日本人は糖を毎日十分に摂っているので、マラソン前だからといって、さらに糖摂取を増やさなくてもよいという考え方も成り立ちます。特に胃腸が弱いと自覚のある人は、無理して胃腸に負担をかけて糖を食べようとしないほうがよいと考えられます。

いろいろと工夫の余地がある

グリコーゲンローディングについては、これまで述べてきたようにマイナス面も多々あります。いっぽうで体内の糖を増やすという点では、うまくいけば、それはもちろん有効な方法です。それではこのプラスあるいはマイナスの面をどのように考えていけばよいのでしょうか。

この問いに正解はありません。各自が試行錯誤しながら、自分に合ったものを見つけていくしかないでしょう。最初3日間の低糖期はほどほどにおこなって、その間に一度、刺激を入れるような練習をおこなうことでよしとする、あるいは低糖期は入れずに高糖期だけをおこなうなど、いろいろなバリエーションが考えられます。

ただし私の経験では、低糖期に入ると体重が減るのはすぐにわかります。しかしその後に糖摂取を再開すると、体重はすぐ元には戻りますが、それ以上にはあまり増えず、元のままで本番になってしまい、失敗だったということばかりです。私の場合は高糖期に糖を多く摂るのが苦手で、通常時より少しだけ糖を増やしたくらいだったからかもしれません。また低糖期最後の、さらにグリコーゲンを減らす運動が足りなかった可能性もあるでしょう。しかしそれでも、低糖期は気分が落ち込むようなストレスがかかるし、高糖期には食べ疲れたと思うくらい自分としては糖を食べているつもりなのに、効果がなかったというのでは、やらなくてもよいのではないかという気分になります。

大事な方法だが難しい

たくさん糖を摂っている日本の食事でも、一度グリコーゲンが大きく減ってしまうと、1日では元には戻りません（P.114「糖回復は難しい」参照）。そしてさらにグリコーゲンを通常よりも増やそうというのですから、かなり摂らないといけません。

低糖期にグリコーゲンが減れば、水分も減って体重が減り、次に糖を摂ってグリコーゲンローディングがうまくいけば体重が増えますから、体重でチェックしていくことが必要です。

ただし体重は、短期間に食事やトイレによっても変わることも忘れてはなりません。胃腸が強くないので、グリコーゲンローディングはやらずに普段通りの生活に徹するというのも、各ランナーのやり方として正解でもあると思います。

それでも例えば、レース前日の夕食などに意識して糖を増やすのはありです。ただしマラソン前日に糖を意識して食べたところが、食べ過ぎ感、消化不良感をもってしまい、寝られなくなり、気持ち悪くなり、失敗した、ということもあり得ます。グリコーゲンローディングについても、まさにマラソンは、考えておこなうスポーツであることを示しています。

やはりトレーニングが一番よい方法

グリコーゲンローディングは、本番直前にグリコーゲンを増やそうとすることからすると、ある面では試験前の一夜漬けのような方法とも言えます。

いっぽうトレーニングでしっかり走れば、そのつどグリコーゲンが減ります。日本人の食事は西洋から見ればグリコーゲンローディングに近いような糖の多さなので、しっかり走ったあとに食事をすれば、これはグリコーゲンローディングをしているのと同じです。

見方を変えれば、トレーニングをしっかりとおこなえば、それだけグリコーゲンローディングの状態ができているということです。実際にトレーニングを積んだ選手は、グリコーゲンが通常の数割程度は高い可能性があります。

つまりグリコーゲンレベルを高める最もよい方法は、やはりトレーニングをしっかりとおこなうことです。ただし本番前の調整期間で練習を落とすと、高まったグリコーゲンが減ってしまうのではないかと心配されるかもしれません。十分にトレーニングをこなしてきたならば、本番まで1週間練習を落とす程度では、おそらく心配することはないでしょう。

第4章
マラソン当日

さて、いよいよマラソン当日を迎えます。エネルギーマネジメントの本番がやってきます。第4章では、当日起きてからスタートまでの準備、そしてスタートしてからの走り方について考えてみます。これから42kmを数時間にわたって走り続けるのですから、どうしたって予想外のことが起こります。まずこのことを頭に入れておく必要があります。

当然ながら、思った通りにレースが進んでゴールまで完璧、といったことにはなかなかなりません。予想外のことが起きないように、レース中に起こりそうなことをいろいろ考えておいて、うまく準備することが重要です。当日は落ち着いて、予想外の事態にも慌てず対処していきましょう。

1 スタートに向けて

当日の朝食

いよいよマラソンを走る当日です。まずグリコーゲンローディングと同様に、体内の糖貯蔵量を増やすという意味で、当日の朝食は重要です。

特に肝グリコーゲンを増やすことです。肝臓のグリコーゲンは、血糖値の維持に主体的に関わるので、食後に増えて食間期に減っていきます。前日の夕食が夜7時としても、朝まで10時間以上はたっています。その間に肝グリコーゲンは減ってきているので、朝食で肝グリコーゲンを通常レベルに戻しておくことは、マラソンにとって大変重要です。

ただし、これもグリコーゲンローディングと同じで、当日の朝どれだけ食べたらよいのかについては、やはり消化不良感や胃もたれ感との葛藤にもなります。当日の朝は準備に追われて時間がなく、ゆっくりと食事ができないことも多いでしょう。食べようと思えば食べられるのでしょうが、これから緊張のスタートに向かっていくのですから、消化がよい状態とは思えません。ほどほどにしておくのがベストかもしれません。

糖が重要とばかり強調していますが、逆転の発想で、当日の朝食は脂肪にこだわるという考え方も成り立ちます。脂肪が多めの食事をして血液中に脂肪や脂肪酸を増やしておけば、レース中に脂肪がより使われ、結果として糖をゴールまで残しやすくなるという考え方です。これもある面では理にかなっていると言えます。いっぽうで当日の朝に脂肪の多い食事をしたら、余計にスタートまでに消化不良感が高まることも当然予想できます。これも各自の好みや胃腸の状態によりけりということです。

ランニングの服装

選手であれば、マラソンの服装と言えばランニングシャツとランニングパンツです。しかし多くのマラソンは冬におこなわれるのですから、当日の天気や気温によっては、選手といえども、もう少し服装への配慮があってもよいのではないか、と私は思います。

最近ではマラソン選手でも、冬の手袋は当然として、アームウォーマーやネックウォーマーの着用も珍しくなくなりました。そして市民ランナーの場合は、もっと選択肢が広がりました。Tシャツは速乾素材のもの、長袖、あるいはタイツでもサポート機能のあるものなど、いろいろあります。

当日は気温だけでなく、風の有無も体感温度には大きく影響します。服装も当日の気象条件と自分の状態とで、柔軟に選択するのがよいと思います。冬のマラソンで足にけいれんがおきやすいランナーは、足の冷えが関係している可能性があるので、特に防寒を考えることが必要です。またサングラスは、生理学的にみれば、真夏でもなければマラソンのエネルギーマネジメントには関係ないものです。目になんらかの保護の必要がない限りにおいては、各自の好みの範疇です。とはいえ競技マラソンをテレビなどで応援する立場からすれば、多くの選手はプロと言ってよく、応援されてこそのプロなので、率直なところ、サングラスで顔を隠すというのは個人的には理解しかねます。

直前の栄養摂取

マラソンを走りきるには糖が足らないのだから、直前に糖を摂れば、それが吸収されてすぐに使われるのではないか、という考え方は正解です。そうすると、朝食とは別のタイミングで、スタート直前でも糖を摂ることは効果的かもしれません。特に走り出してしまうと、安静時よりも、摂ったものを吸収するのが遅れますから、走り出す前に摂ったほうが、吸収には当然適しています。

ただし走る前の糖摂取については、よく言われる注意点があります。すなわち糖を摂って血糖値が上がると、インスリンが出て血糖値を下げようとします。また運動自体でも、グルコース輸送担体が筋の表面に移動して働くようになって血糖値が下がります。血糖値が上がってインスリンが出る反応がレース直前に起きると、インスリンによる血糖低下作用だけでなく、運動そのものによる血糖低下作用もダブルで働くので、走り始めてすぐに血糖値が下がりすぎる危険性が出てきます。したがって糖の摂取は、レースの45分~1時間くらいまでにするのがよい、とよく言われます。

いっぽうでスポーツドリンクにもそれなりに糖分があります。スタート1時間前を過ぎても、スポーツドリンクを飲むことはあるが、特にスタート後に低血糖のような状態になったことはない、という方も多いと思います。これは糖を摂取するタイミングだけでなく、摂取する量も関係があるということです。スポーツドリンク等、糖の入っている飲料を、直前まで少量ずつ飲むのはあり得る方法だと思います。さらにスタートが近づき、15分以内くらいで糖を摂取したとしても、スタートまでには吸収しきれないので構わない、という考え方もできます。このようにスタート1時間以内からは、一度にたくさんは摂らないで、少しずつに抑えるということです。ただしこれも、スタート何時間前に朝食を摂り、その後スタートまでに何を摂ったのか、ということにも影響を受けます。またその人の吸収能力や、その日の緊張度などにもよります。自分のやり方を見つけていくしかないでしょう。

糖の中でも

本書では、体内における糖というと、基本的には血糖であるグルコースと、その集合体であるグリコーゲンということで話を進めてきています。しかし実際は、糖にはいろいろな種類があります。

その1つで果物の主たる糖である果糖は、血糖であるグルコースと似てはいますが別の糖であり、摂取しても血糖値が上がりにくいと考えられています。したがって、果糖をスタート1時間以内に摂っても、スタート直後の血糖値の急な低下を避けられる可能性が高くなります。また果糖は、グルコースとは吸収に関わる輸送担体も別なので、グルコースと吸収が競合しないことから、ランニング中の補給でも、グルコースと果糖を混合したものがよいという考え方もあります。

その他にも、グルコースよりもゆっくり吸収され使われるという糖も市販されています。それらの糖は、走る直前に摂っても血糖値には関係せずにゆっくり吸収されるので、結果的にマラソン後半の糖補給につながるという考え方です。走り出したらどんな糖であっても吸収は遅れますし、大した量を摂れませんので、あまりマラソン途中の補給にはこだわらないほうがよいと私は思っています。すなわちスタート前に糖を摂っておくことのほうが、余計に重要になってくるということです。

いっぽう、スタート前に糖を摂りすぎて、気持ち悪くなったり吐き気がしたりすることも考えられます。また緊張しているときに糖を多く摂りすぎると、吸収ができなくなってしまいます。やはり、当日の朝はあまり無理にたくさん糖を摂ろうとはせず、慎重にしておくのがよいでしょう。

水分を貯めておく？

糖と同様、走っていて水分が足りなくなることも考えられます。

「暑いときには無理しないでやめる」（P.72参照）の項でも指摘しているように、脱水症状という言葉が強調されすぎている状況があるようにも思います。もちろん、脱水症状が起こるかどうかは、そのときの気温によりけりです。かなり気温が上がり暑くなりそうな場合には、スタート前に水分を多めに摂っておくことは大変重要です。ただしその場合、スポーツドリンクには糖分が含まれるので、注意が必要です。前項でも出てきたように、スタート前のスポーツドリンクの大量摂取は、スタート直後の低血糖を招く可能性もあるということは意識してください。

冬のマラソンで問題になるのはトイレです。走る前は身体は冷えても水分は摂っておく必要があり、しかもかなり緊張しているとなると当然、トイレに行きたくなるものです。

しかしスタート前は通常、トイレには長蛇の列ができていて、とても間に合いそうもないということが多いわけです。そのような状況では我慢するしかありません。トイレに行くということは、体内に貯めた水分を流し出してしまうことです。これから汗として水分が出ていってしまうのだから、我慢できそうであれば水分を貯めておこうと割り切って、スタートラインに並ぶのがよいと思います。

ウォーミングアップは？

これから走るのだから、ウォーミングアップをして体温と筋温を上げ、筋肉を動かしやすくしておくのは当然のことです。しかしそれがマラソンとなると、少し考える必要があります。

すなわちマラソンを走りきるには、そもそも糖が足りないということです。そのために後半足が止まるのですから、ウォーミングアップでしっかり走ってしまうと、ただでさえ足りない糖を余計に消費することにもなります。このような観点からすると、あまりたくさんはアップをしないというのが正解です。最後まで走りきれるか不安な市民ランナーになればなるほど、スタート前は、余計に糖を使わないで温存しておいたほうがよいということです。

ただしそのような理由からアップなしで走り出すのであれば、最初の入り方が大事になってきます。ウォーミングアップをしていない、あるいは足りない状態で、いきなり結構な速度で走り出すのは、筋肉への負担が大きくなります。負担が大きくなると、それだけ糖を使うことになりますから、まずは走り始めをウォーミングアップと思って、焦らずゆっくり、じっくりといくことです。それでは予定のペースより遅れてしまうと思うのであれば、それなりにアップをする必要があるということです。ウォーミングアップをどうするのか、これもマラソンの全体像の中で考えなければなりません。

ストレッチの注意点

アップを多くはしないとはいっても、ストレッチは多くの方がおこなうと思います。このときの注意点としては、過度に長時間のストレッチは避けるということです。

ストレッチは、筋の柔軟性を上げるなど、よいものとして認識されていますが、運動前にあまりやりすぎると、かえって力の発揮が落ちる可能性があるようです。もっともそうなるのは、同じ姿勢を1分以上続けるようなストレッチをする場合です。通常の数秒程度の短時間のストレッチでは、影響ないとも考えられます。スタート前に時間がありすぎるときは、やることがないのでストレッチでもとなりがちなので、気をつけてください。ともかくウォーミングアップをどうするのかよく考えて、できるだけ筋温、体温を下げないようにして、スタートラインに向かわなければなりません。

2 スタートしてから

いよいよスタート

スタートの合図が鳴り、いよいよ走り始めます。このときが一番楽しい時間と思う方もいるでしょうが、一番緊張する時間でもあるでしょう。その緊張感の中で、最初のペースは非常に重要です。

繰り返しますが、運動を開始するときは糖の利用が高まりやすい状況です。多くの場合、ウォーミングアップはあまり十分におこなっておらず、しっかりおこなったとしても、スタートラインに並んでいる間に身体は冷えてきて、いつものようには温まっていないでしょう。

いっぽうで緊張していて、おそらく記録を出したいという気持ちだけは強くなっています。今までの練習の成果を出してやろう、という意気込みは大事です。しかし記録を出したいのに、周りは人混みで思うようにコースがとれないし、ペースが遅く感じられ、どうしても最初は焦ってしまうことが多いと思います。

やはりここは焦らず落ち着いて、最初の5㎞くらいはウォーミングアップのつもりでいくことです。でも「わかっちゃいるけど、なかなかこれができない」のが人間です。時計を見て予定よりも遅いとなると余計に焦ってしまいます。

ただし多くの場合、その予定通過時間は、自分のベスト更新くらいで考えているわけで、そこに落とし穴もあります。いつも望み通りの最もよい予定通過時間であれば毎回自己ベストですが、そうはならなくて当たり前です。結局、その日のマラソンをうまく走れるどうかは、まずは前半に焦らないでいけるかどうかにかかっているとも言えます。

スタート直後は特に上げすぎない

本書は、糖の量や使い方がメインの内容です。そこでおさらいですが、糖というのは、必ずしもエネルギー需要に見合った使われ方をしているとは限りません。私たちの身体は、運動時に急な変化があると、それに対応して急に応答しやすい糖の分解を高めます。それでグリコーゲンが使われ、乳酸ができます。急な変化の代表が、スタートするということです。

スタートすると、急に多くのエネルギーを生み出す必要が出てきます。しかもウォームアップを控えたとすると、筋肉には余計に負担がかかります。つまりマラソンのスタート直後は、特に糖を使いやすい状況になっているということです。スタート直後に焦ってペースを上げようとするのは、まさに糖の消費を高めることになります。

以前はよく、運動を20分続けないと脂肪が使われないといった健康情報がありました。これを文字通り読むならば、それは正しくはありません。脂肪は全力ダッシュでもしない限り、運動ではいつも使われています。ただし運動開始時などでは、糖のほうが脂肪よりも少しですが、使われやすくなっているのは事実です。そして運動して20分くらい経つと、脂肪の分解が盛んになって血中脂肪酸濃度が上がってくることが多く、脂肪の代謝が安定してくると考えられます。

アップ不足であった状態から20分くらい経つと、身体も温まってきます。マラソンは糖を保存して脂肪も多く使う種目なのですから、脂肪の代謝を意識することは重要です。やはりスタート直後の20～30分は序盤と割り切り、ペースを抑えて、またペースを変化させずに、安定して走ることです。

人混みを右に左に避けるのもほどほどに

スタート直後は人混みです。多くの大会の場合、各自の申告タイム等によりスタートラインに並びます。あくまで申告タイムですから、これまでの実績ではなく、本人の今回の目標タイムであっても構わないわけです。タイム順の区切りといっても、マラソンにおける1時間くらいずつの区切りだと、同じ区切りの中でも、目指すペースには結構な差があります。さらに、いけるところまでいく走りをする人もいれば、最初は抑える走りをする人もいます。すなわち同じ区分からスタートしても、スタート直後は結構ペースに差があるということです。

そうすると、自分のペースでいきたいランナーは、自分より遅いランナーを右に左に避けながら、小さなダッシュを繰り返すことになります。これはもちろん、糖の浪費につながります。右に左にいくことで、無駄な筋力の発揮が多くなります。これも焦らず、ほどほどにすることです。

「身体が軽い」は実は要注意かもしれない

スタートしてから身体がよく動くときには、「今日は調子がいいな」と思うことがあります。確かにそれは、調整がうまくいって調子がよいということかもしれません。予定よりも速いペースで、余裕をもって走っていることがわかると、気分がよくなり、さらにペースを上げることにもなるでしょう。いつもよりも速いペースなのに余裕をもって走れているというのは、走るうえで最も楽しいことの1つでしょう。

しかしそこには、マラソンを走るうえでの落とし穴が潜んでいます。身体が軽いというのは、おそらく調整がうまくいって足の状態もよくて結構なのですが、往々にして、そのことによって、ペースが上がりすぎてしまうという危険性を伴っています。ハーフマラソンであれば、その勢いでいってしまってもよいのですが、フルマラソンでペースが上がりすぎるのは、糖の消費を高めることになります。いつも以上のペースでいくことは、いつも以上に後半落ちる可能性も考えられます。もちろん、いつも以上のペースでいけたが、後半も落ちなかったということもあるでしょう。それがマラソンの理想かもしれませんが、毎回そううまくいくわけではありません。

前半の、特に最初の5㎞から10㎞くらいまでは、「今日は身体が軽くて調子がよい」というのは、要注意でもあることを忘れてはなりません。逆に言うと、「今日は身体が重いな」というくらいのほうが、ゴールしてみたら結果がよかったということは考えられます。

グリコーゲンローディングに成功したら糖が増えて水が増え、身体は重くなります。グリコーゲンローディングをしていなくても、前日や当日の朝は、糖の摂取が増えているのが通常ですから、それだけ一時的には身体が少し重くなっています。身体が重く感じられるのは、ひょっとするとよい結果になるかもしれないと思い、やはり焦らないことです。

3 自分のペースをつくる

一定ペースを心がける 図36

マラソンを走りきるには、糖の量は足らない。いっぽうでペース変化をすれば、それに対応して糖の利用が高まる。本書では何度も、これらのことについて述べてきました。要するに、マラソンを走りきるうえで一番重要なのは、ペースを変えずに一定ペースでいくということです。本書で最も言いたいことは、これにつきます。

周囲の状況で、つい隣の選手に合わせてしまったり、抜かれたので追いつこうとしたり、そうしたペース変化があとになって響いてくるのです。マラソンを走っている時間は、自分と向き合って考えることができる時間です。自分の状態を考えながら、できるだけ同じペースでいくことです。

ただしある一定のペースがはまってくると、そのペースが本来よりも少し遅いので、それを本来のペースまで上げると、糖の消費がやはり少し高まりますので、きつくなるかもしれません。ペースメーカーがいない世界選手権などでは、ゆっくりとしたペースで集団が進むと、本来勝てる選手が勝てなかったりすることもあるわけです。しかし最初からあまり突っ込んで入っても、当然です

図36　マラソン中のグルコースと乳酸の血中濃度の変化

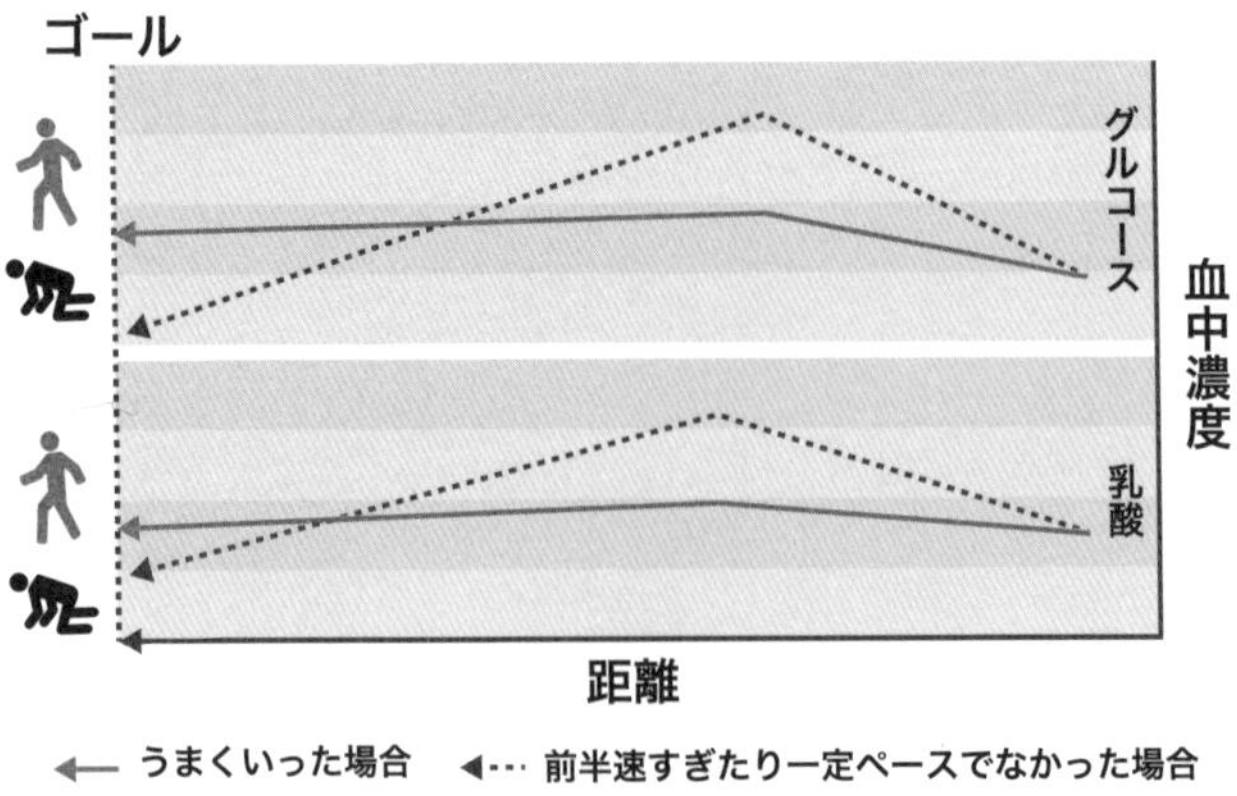

ペースを上げすぎたり細かい変化をしていると、より糖を使ってしまい、後半糖が減り、血中グルコース濃度も血中乳酸濃度ももっと下がる

が、あとで足が止まります。

本当にマラソンは難しいですね。その日の自分の状態を見極め、42km走りきるにはこのくらいだろうという一定ペースで入っていきます。そしてそのはまったペースで、それが自分の思い描いたペースよりも遅くても、できるだけそのペースを維持して走り続け、ペースを落とさないで結果を出すように頑張るのが、エネルギーマネジメントの1つの適策と言えます。

坂道では

一定ペースで走るというのは、マラソンの場合、LT程度での一定した強度（身体負荷）で走るということです。そうなると、坂道はどう考えればよいのでしょうか。

上り坂では当然ですが、負荷が余計にかかります。上りになると、筋の使い方や動きが少し変わります。前半であれば、上り坂で新たに使われることになる筋はまだまだ元気ですから、気分転換で頑張れるかもしれません。しかしここで頑張るのは、まさに身体の負担を増加させることになります。やはり上りは落ち着いて、のんびりと上がっていったほうがよいでしょう。

ただし競技レベルになると、「上り坂でスパート」と言ったりするように、ただでさえ負荷が大きくなる上り坂であえてスパートすることで、相手に差をつける走りをすることもあります。

いっぽう下り坂ではどうでしょうか。下りは、身体の全体的な負荷は大きくはなりませんが、1歩ごとの着地の衝撃が大きくなります。この衝撃を受け止めるときに、足の筋肉は伸張性収縮で体重を受け止めますが、発揮する力が大きいので、微細な傷が生じる可能性があるのでした。この微細な傷の蓄積が、いずれ筋の出力を低下させて、足が止まる原因の1つになると考えられます。上り坂と下り坂、どちらも慎重に、余計な負担を増やさないように走ることが重要です。

走っている最中の摂取

走っているときにどのくらい栄養を摂ったらよいのでしょうか。これは研究者によっても考えが異なる問題です。

グルコースにして、1時間あたり60gくらいの吸収は可能という考え方もあるようです。逆に言えば、これを超えるような量の糖を摂っても、それ以上は吸収できないということです。

またグルコースだけでなく、果糖等のグルコースとは吸収のされ方が違う糖を摂れば、さらに糖全体としての吸収量を高められるとも考えられます。そうすると、1時間あたり70～80gの糖摂取が可能になり、1時間あたり300キロカロリー分くらいは吸収して使えることになります。例えばこれを3時間続けるならば、900キロカロリーを摂ることができます。マラソンで2500キロカロリー程度使うとすると、その1／3以上の糖を途中で補給できる計算です。

ただし持久的運動時の糖摂取に関する研究は、自転車作業で検討されている場合も多くあります。自転車はサドルに座っていますから、腹部に上下動があまりありません。また自転車は、レース中でも集団の後ろに入って風を避けて休むことができますが、ランニングではそうはいきません。自転車での研究結果を、そのままマラソンに当てはめられないことは多いと考えられます。

実際には摂れない

走りながら多くの糖を摂って吸収するのは、私は不可能と思っています。

スポーツドリンクに入っている糖分は通常、100㎖あたり5g、20キロカロリー程度です。これでも結構糖分が多いので、通常のトレーニングで、水分補給と思ってスポーツドリンクを多量に摂っていると、結構なカロリー摂取になってしまいます。ましてや運動もしない日常生活なのに、暑さ対策としてスポーツドリンクを多量にこまめに摂取することは、血糖値が上がった状態を続けることになり、糖尿病を引き起こす原因にもなりかねません。

しかしマラソンを走っている場合は別です。スポーツドリンクは、糖に加えて、走って失われる汗の成分もある程度補えるので、マラソン中には有効です。大会のゼネラルドリンクがスポーツドリンクであることも多いでしょう。

では、それをどのくらい飲めるのかというと、1回で100㎖にもならない量しか飲めないのが通常でしょう。例えば、給水所が数㎞ごと、時間にすれば15分ごとにあるとして、1時間に1回100㎖を4回飲んで400㎖となると、1時間あたり20gの糖摂取になります。20g＝80キロカロリーは、通常体内にある糖の4％にしかなりません。

各自の感覚だが

走っているときのエネルギー消費量は、大まかに言えば、体重60kgの人ならば1㎞あたり約60キロカロリーでした。マラソン中そのうちの半分を糖から得ているとすると、1㎞あたり30キロカロリーの糖を使うことになります。1時間あたり20gの糖を摂取できたとして、それがすべて吸収されて使われても80キロカロリーですから、結局3㎞弱分にしかなりません。

実際には、走っている最中にスポーツドリンクを1時間で400㎖飲んで、その糖20gが本当に吸収できるかどうかは、かなり疑問です。私自身の感覚では、一度に飲めるドリンクの量は、せいぜいひと口だけ、数十㎖程度です。それ以上になると、お腹がタプタプになったり、胃腸の不快感がすぐに出てきてしまいます。

あくまで私の感覚ですが、走り始めたら、ドリンクは口の中をうるおすくらいと思って走るしかないと思っています。つまり糖ドリンクを飲んでマラソン中に使える量は、ごく微量ということです。これはそれぞれのランナーによりけりですから、自分は飲めるという方はそれでよいとは思いますが、走り始めたら多く飲むことはやはり難しいし、摂り過ぎるとかえって、胃腸の不快感、気持ち悪さや吐き気をもたらし、逆効果のこともあり得ます。

口ゆすぎ効果

マウスリンスという実験があります。運動しながら、甘いドリンクを飲まないようにして口に含み、ゆすぐだけで吐き出す、という実験です。ゆすぐだけですから、実際の糖は体内には入らないのですが、それでも運動のパフォーマンスがよくなることがあるようです。

糖分には甘さがあるので、口の中で甘さを感じると、それは体内に糖が入ってくることを知らせることにもなります。それによって元気が出て、動きがよくなるといった理屈でしょうか。

ただし、マラソン後半になって糖が大きく減ってしまった状態でスポーツドリンクを摂ったとしても、それでどんなに甘さを感じたところで（いつも以上に甘く感じられるのですが）、やはり、本当に元気が出るものでもありません。マラソン前半であれば、甘いスポーツドリンクを多くは飲めないにしても、口ゆすぎをするだけでも、ある程度の効果は期待できるかもしれません。

給水の混乱もペースを乱す

大きなマラソン大会になると、人混みの中で走りながらの給水は大変です。走りながら他のランナーを避けてコップに手を出していくのは、結局は無駄なダッシュや方向修正をすることになり、ペースを乱します。

競技マラソンでも、給水所前で集団のペースが急に上がったり、集団がバラけてしまうことはよく見られます。また給水関連で転倒などの事故も起こっています。給水は大事ですが、一定ペースで進んで余計な負担をかけない、というマラソンの大原則を乱す原因にもなります。またコップを取れたのはよいが、中身はとても飲みきれないので残りを捨てようとして、それが足にかかってしまうことがあります。それによって太腿前面などが濡れて足が冷えることで、動きがおかしくなったり、けいれんしそうになってしまうことが起こり得ます。

給水というのは、問題が起きる可能性の高い場面です。繰り返しますが、マラソン中にはもともとあまり多くの水は飲めないし、後半になると、摂ったとしてもゴールまでに吸収はできません。マラソン中の給水に多くは期待せず、給水所になれば、一番近いテーブルに群がって必ず取ろうとするのではなく（よく見ると結構先までテーブルがあるものです）、慌てずに対応しましょう。

水分補給はどのくらい？

本書では、糖が足りないことを主テーマにしていますが、マラソン中の補給というと、糖補充だけでなく水分補給のほうが重要ではと考える方も多いと思います。

水分補給の対策は、その日の気候によりけりです。数時間走り続けるマラソンで汗が多く出れば、糖だけでなく水分補給も必要です。ただしトレーニングが積めているのであれば、体重の数％程度までの発汗による体重低下は、なんとか大きな影響なく対処できる可能性が高くなります。そうすると、冬のマラソンでは、のどを少し潤す程度のことで、水分補給としては十分とも言えます。いっぽう、冬は空気が乾燥しています。のどが弱い方は、のどの保護のために水分摂取ということもあります。

汗をどのくらいかくかは個人差があります。日々のトレーニングの中で、走る前後で体重を測ってみましょう。そうするとランニングによって、どれだけ汗が出て体重が減っているのかがわかります。それによってマラソン中に飲む水分量の目安をつけてみることです。走る前後で体重を測ってみると、冬では体重の低下がそんなに多くはないことがわかると思います。また走ったあとの尿が濃い色になっていないかチェックすることでも、脱水状態になっているかはわかります。

冬以外の時季のマラソン、あるいは冬でも気温が異常に上がった日のマラソンとなると、水分補給は重要になってきます。ただ「第1章 マラソンのエネルギーマネジメントの基礎」でも述べたように、特に暑さに弱いタイプの方は、暑い場合には水分補給をしたところで、それで大丈夫にはなかなかならないのも事実です。同じような高温の日が続いていてマラソンの日を迎えるのであれば、まだ暑さに慣れることもできますが、急に暑くなったような場合にかなり厳しくなります。

4 ハーフを過ぎてから

中間点を過ぎて

さて、中間点を過ぎます。半分を過ぎると、「よしもう後半」だという気分になれるとよいのですが、「ようやくまだ半分か」ということも多いと思います。後半になったばかりの場面では、最初と同じペースを維持することができているとしても、体内では、かなりの変化が起き始めています。

まず考えられるのが、もちろん本書の主題であるグリコーゲンの低下です。まだペースは維持できているので、大きな低下ではないものの、徐々に減ってきています。走り方にもよりますが、そこまで比較的落ち着いたLTくらいの一定のペースできているのなら、あまり速筋線維は使わずにきているので、速筋線維のグリコーゲンは、まだあまり減っていないことになります。しかし遅筋線維を中心にグリコーゲンが減ってくると、そのグリコーゲンの低下への対応として、それまでよりも速筋線維が使われやすくなると考えられます。そのおかげで、まだ中間点を過ぎたあたりでも、ペースの維持ができているわけです。

ピッチを意識する

マラソン後半になると疲労してくる、と単純に言いますが、実はその疲労の原因については、簡単には言えません。もちろん、本書のメイントピックであるグリコーゲンの低下は重要な要因ですが、それだけではありません。

前述のように、例えば、血液に少なく筋内に多く存在するカリウムが筋肉から漏れ出すと（逆の分布をしているナトリウムが筋肉に入り込むと）、筋収縮の低下が引き起こされます（P.47参照）。そのほか、伸張性収縮で筋につく微細な傷の蓄積、活性酸素の影響、あるいは気象条件による発汗に伴うイオンの喪失、体温や筋温の過度の上昇や低下など、多くのことで、筋の出力が落ちてきます。筋の出力が落ちてくれば、ストライドの低下につながっていきます。そうなってくると、ペースを維持するためには、ストライドやピッチを上げる必要が出てきます。

しかし、そこでストライドを上げるのはなかなか厳しいというのが一般的でしょう。まだ元気なうちは、ストライドを意識してみることも有効かもしれませんが、ダメならばピッチを上げる意識をしてみます。もちろん、過度にピッチを上げるとエネルギー消費が高まり、余計に糖を使ってしまうことになりますから、ほどほどにです。ともかくこれからゴールまでは、ペース低下との戦いです。

ストライドは縮まる一方となる可能性が高く、ピッチを落とさないことが、ペースを落とさないことにつながる場合が多いと考えられます。

けいれんが起きそう！

きつくなるのに加えて、さらに厳しいのはけいれんです。けいれんが起こりそうになると絶望的な気分にもなります。しかしけいれんがなぜ起こるのかについては、科学的にはっきりとは言えないのが現状です。単純に言えば、けいれんは筋肉のイオンバランスの乱れによって起こるということです。しかしながら、イオンバランスの乱れといっても、マグネシウム、カリウムなどが関係していると思われますが、それが具体的にどんなことなのか、よくわかってはいません。

真夏の運動では、汗が多量に出てしまうことによって、こうしたイオンの喪失とけいれんとが関係していると考えられます。

いっぽう冬のマラソンとなると、そこまで汗は出ないのが普通です。むしろ冬のけいれんは、筋肉が冷えて血流が悪くなることとイオンバランスの変化が相まって起こることが可能性として考えられます。したがってけいれんの起きやすいランナーは、タイツなどで保温を図るとよいでしょう。

またイオンバランスの乱れでけいれんが起こるとすると、もし起こりそうな場合は、スポーツドリンクの摂取あるいは塩分補給で、ある程度は改善される可能性はあります。しかしそれが特効薬になるのかどうかというと、多くの場合、なかなか難しいと思われます。けいれんが起こりそうになったら、その筋肉をできるだけ優しく使っていくしかないように思います。また血流とけいれんが関係している場合は、トレーニングによって毛細血管を発達させ血流をよくしておくことは、けいれん防止になると考えられます。やはりけいれんを防止するにもトレーニングです。

5 30㎞の壁を乗り超える

壁にあたる

30㎞を過ぎると、ようやく先が見えてきます。しかしこれからがマラソンの本番とも言えます。壁にあたるとはよく言ったもので、足がぱったり止まってしまうことも多いでしょう。筋収縮にカルシウムは必須とされますが、そのカルシウムが働くには、筋グリコーゲンが必要です。その筋グリコーゲンは溶けていないので、筋内に一様に分布しているわけではありません。したがって、筋グリコーゲンがある程度減ってくると、筋の部位によっては、かなり筋グリコーゲンが減った状態になっています。そのことで、カルシウムの働きが悪くなってしまい、全体として筋の出力が落ちてしまうことが考えられます。そうなると、足が止まる状態になり、走速度が維持できなくなります。

ここで、筋グリコーゲンからできるのが乳酸ということを思い出してください。30kmを過ぎて筋グリコーゲンが減れば、乳酸もできない中で足が止まっています。まさに「乳酸ができるから疲れる」どころか「乳酸ができないから疲れている」状態になっています。そこからは、糖が減って脂肪を使うのが主体になっていくのですが、ＬＴよりも低い強度でしか走れなくなっていきます。

グリコーゲンの低下が拡大

運動強度によって糖と脂肪の使い方が変わり、ＬＴから糖の利用量が増えるのでした。またＬＴまでは遅筋線維主体で、ＬＴを超えると速筋線維が使われるのでした。

この2点からすれば、マラソンをＬＴくらいで走り続ける限りにおいては、速筋線維はあまり使われずに、グリコーゲンも保存されると思われます。マラソン前半では、確かにその可能性が高く、遅筋線維が主体に使われ、速筋線維は温存できていると考えられます。しかし後半になって遅筋線維のグリコーゲンが減ってくると、そのことによって同じペースでも速筋線維も使われるようになっていくようです。30㎞くらいまでは、速筋線維とそのグリコーゲンも使うことでなんとか走れていたのが、速筋線維のグリコーゲンも減ってきてしまったということが、すなわち、壁にあたるということの1つの可能性と考えられます。

したがって、前半のペースを一定にして糖の消費を抑えたり、あるいはグリコーゲンローディングで体内の糖を増やしたりしておいて、糖が大きくは減らない状態でゴールまでもたせるということがマラソンを走りきることになるわけです。

足が痛い

マラソンの後半では、膝や股関節を中心に痛みが出てくることがあります。

マラソンの後半になってくると筋肉や靭帯に柔軟性がなくなってきます。そうすると関節が、言ってみれば前半の元気な頃よりもより引っ張られるようになって、その結果、関節がぎくしゃくして痛みが出ることがあります。また関節の軟骨に炎症が起きてそれが痛みになることもあるようです。さらには伸張性収縮を繰り返すことで、筋自体に傷が蓄積してきて、それが痛みになってくることもあります。あるいは、前半で無理な追い抜きやダッシュ、ペース変化をしたツケが、後半になってまわってきているとも考えられます。

これらが起きてしまうと、走り続けている間には、なかなか収まるものではありません。痛みが大きくならないようにそっと走り続けるしかない、ということです。それを防ぐためには、しっかりとトレーニングしておくことはもちろん、衝撃吸収の高いシューズを選ぶ、着地の衝撃を抑えるような走り方をするなど、いろいろと考えておく必要があります。

競歩ならできる 図37

運動するとき、その運動でよく使う筋肉と使わない筋肉とがあります。走るのであれば、ふくらはぎや太腿前側だけでなく、後ろ側の筋肉もよく使います。長時間ある動作を続けていると、そのよく使う筋肉内のグリコーゲンも当然多く使ってしまいます。逆に言えば、その動作であまり使わない筋肉のグリコーゲンは、まだ残っている可能性があるということです。

そこで歩くことを考えてみます。歩行では太腿の後ろはあまり使わず、主として下腿の筋（後側だ

図37 歩行と走行の使用筋の違い

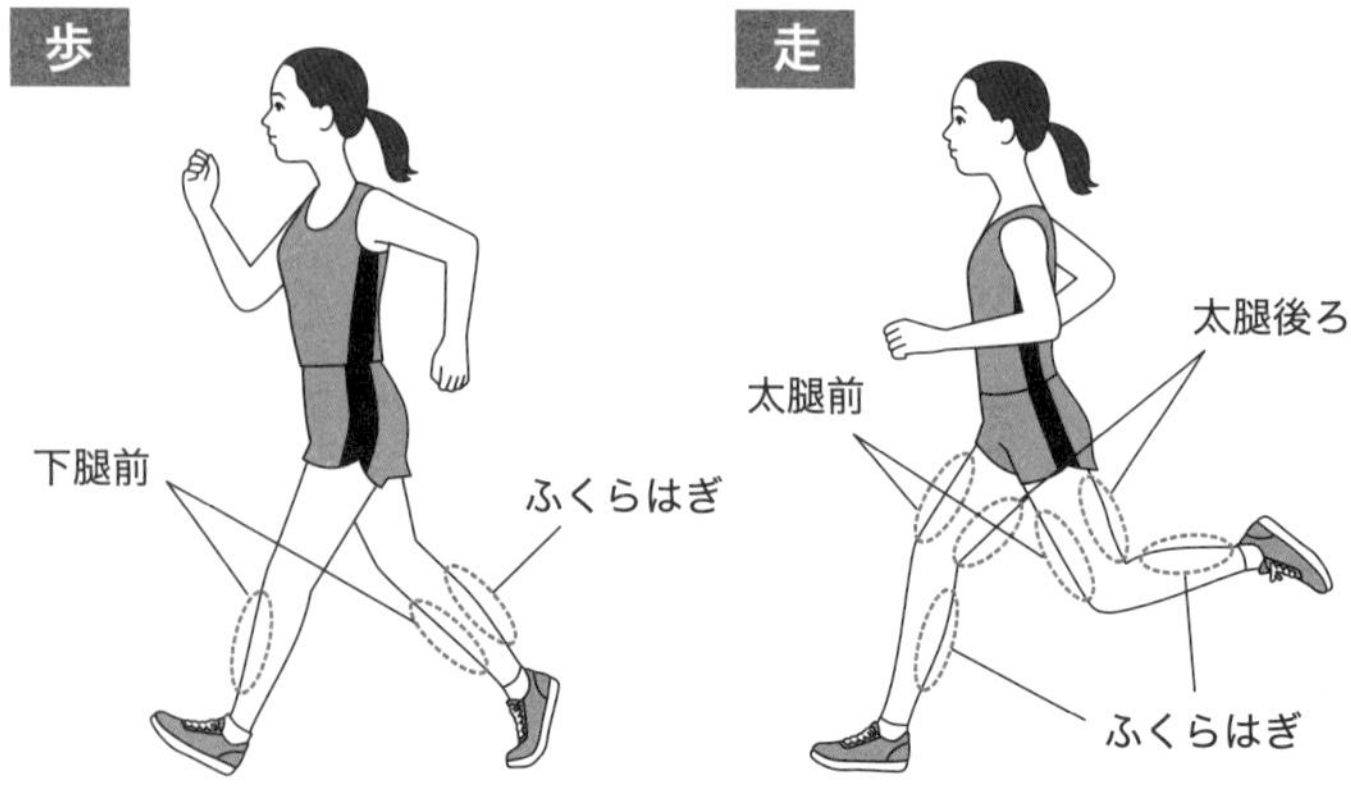

マラソン終盤になってグリコーゲンが少なくなっても、
歩行で使う筋肉にはまだグリコーゲンが残っている

けでなく前側の筋も）をよく使います（走るのとは少し違います）。そのことからすると、マラソン終盤になってグリコーゲンが少なくなっても、歩行で使う筋肉にはまだグリコーゲンが残っていて、力が出せる可能性があると考えられます。

すなわち競歩の動きで進めば、ある程度の速度が出せると言えます。また歩行は、走行よりも1歩ごとの衝撃が少ないので、マラソン終盤において、膝関節や股関節あたりが痛くて走れなくなってきても、歩行ならばできることが考えられます。

競技レベルの選手には関係ないことですが、5～6時間での完走を目指す市民ランナーの場合には、マラソン終盤に競歩をして、なんとか進み続けるということは可能です。足が痛くなってしまった場合には、むしろ競歩のほうが、走ろうとするより速かったりします。

同様に腕の筋肉は、いつも走る助けになるように使っていますが、いっぽうであまり出力を大きくはしていません。したがってマラソン終盤でも腕の筋肉にはグリコーゲンが残っている可能性があり、腕は振れるということになります。終盤では、腕をよく振ってリズムをとりながら、足をリードするやり方も1つです。ただし手を振る動作は、それだけでもエネルギーを消費するので、あくまで適度に足の動きをサポートする程度です。

落ちてしまったら食べられるが

マラソン後半で足が止まる大きな原因の1つが、糖が減ることでした。走っていると、ドリンクなどで糖を摂ったところで、なかなか吸収ができません。

しかし後半足が止まって、ペースが落ちて歩くようになってしまったら、あるいは止まりそうになる前に、一度立ち止まってでもよいから、糖ドリンクや食品を摂るのは、タイムというよりは、完走を目指すランナーにはあり得ることです。ただそうではあっても、動いている限りにおいては、吸収はゆっくりしか進まないので、多量に糖を摂るのは、やはり厳しいのは確かです。また残りの距離を考えると、吸収されてそれが使われるまでの時間との兼ね合いにもなります。

私がマラソンを走って学んだことは、とにかく止まらずに進み続けることです。そうすれば、それだけゴールは近づいてきますが、止まっていてはゴールは近づいてこないということです。進まない限りは、ゴールまでの距離はそのままです。その考え方からすれば、やはり止まらずに、足は何であれ動かし続けることです。止まってしまうと、もう動けなくなることも考えられます。ただしゴールまで、まだかなりの時間がかかりそうであれば、少し休んで食べるという選択肢もあると思います。

あと数キロ!

いよいよあと数キロ。こうなったらとにかく頑張るしかありません。

これからドリンクで糖を摂っても、ゴールまでに吸収されて使われることにはなりません。とにかく、腕を振って足を動かして進んでいきましょう。マラソンのきつさは、息が苦しくなるようなきつさではなく、足が動かないきつさであることが、本当に実感されます。

しかし、もうすぐゴールという楽しみが待ち構えています。

私が経験できた中でも、東京マラソンの最後、丸の内仲通りの並木道、横浜マラソンの山下公園からみなとみらいに向けては、ゴールに向けての花道のようで、終わってみれば、記憶に残る最後の道筋でした。

そしてゴールになります。

マラソンのエネルギーマネジメントはうまくいったでしょうか。どんなに時間がかかろうと、また思い通りにならなくても、マラソンのよさの1つは、とにかく、ゴールまで走りきった達成感でしょう。お疲れさまでした！

ゴール後に

途中きつくて足が動かなくて、もうこんなことやるものか、なんて思っていたのが、ゴールするともう次はどこを走ろうか、と思っていたりするのが、マラソンの面白いところです。終わってみれば、走れてよかった、と思えるのがマラソンの楽しさですね。

多くの場合、マラソンを走り終えれば、しばらく休むことになるでしょう。マラソンを走ることで、かなりの負担を無理して身体にかけたとも言えますから、休むことは重要です。しかし今回のマラソンは通過点であって、さらに次の目標がある、という場合もあるでしょう。その場合には、次に向けてダメージを残さないことも必要です。

次のマラソンは1年後かもしれませんが、それに向けて今回のマラソンの結果をいろいろ考えるとよいでしょう。前半あるいは後半、想定していたペースと実際のペースを比較して考えてみることも1つです。

身体のケアでは、走り終わったらBCAAを中心に、アミノ酸、タンパク質、糖分をすぐに摂るのがよいでしょう。走り終わって最初の尿がかなり黄色くなっていないかも、水分補給が十分だったかの参考になります。

マラソンのように長時間にわたり糖が不足するような状況を作ると、免疫系にマイナスの影響が出るようです。のども、冬の乾燥した空気に長時間さらされています。したがってマラソン後の何日かは、風邪を引いて体調を崩しやすい状態になってしまっていると考えられます。マラソン数日後までは、風邪には本当に注意しましょう。

また関節や筋肉の痛みがあると、数日では引かないことが多いでしょう。マラソンを走り終えたあとも、身体のケアを継続してください。

体重は、マラソン後でも数日間は計ってみるようにします。体重が減って回復していない場合には、さらに栄養、水分摂取が必要です。マラソン後の数日から1週間後くらいまでは、マラソン前より体重が少し増えていることがあります。これは脂肪が増えたわけではなく、マラソンでグリコーゲンを多く使った反動で、グリコーゲンが増えた、あるいは筋肉に腫れが出ている可能性もあります。体重データを残しておくことも、次のレースへの参考になります。

1年とか半年前から、どのマラソンに出るのかを決めて、それに向けて準備をされてきたことと思います。そのすべてが試されたような本番はどうだったでしょうか。次回に向けて、さらなるトレーニングを継続し、マラソンを走ってよかったという気持ちをもてれば、最高ですね。

あとがき

本書では、マラソンをしている体内でのエネルギー代謝を中心に考えてきました。私と大学陸上部（東京大学陸上部）との関わりは、大学時代から選手〜コーチ〜監督〜総監督〜部長と、立場は変わりながらも、今まで続いています。しかしこれはマラソンの本です。大学生はあまりマラソンはやらないし、長距離走を専門としていたわけでもない私が、なぜマラソンの本を書くことになったのか、少し説明が必要かもしれません。

私は大学2年のときに運動の科学を専攻することを選択しました。最初はフォームを分析して研究するようなことをやっていくのかと漠然と思っていました。その頃、本書でも出てくる、血中乳酸濃度が運動強度に対して急激に上昇するポイントであるLTという概念が出てきたところでした。今では専用の機械を使って、たちどころに血中乳酸濃度の測定値が出ますが、当時はそんな機械は当然ないので、LT測定のために実験室で生化学的に血中乳酸濃度を分析することを、よくおこなうようになりました。そして次第に身体内の生化学的な代謝に興味が移っていったわけです。

そしてその頃、LTに関する説明でおかしいと思うことがありました。それは、「乳酸ができるのは筋内の無酸素状態を反映しているので、LTから上の強度は〝無酸素運動〟となる」という説明です。しかしLTはマラソンの運動強度ですから、マラソンを走っているような長時間にわたって、筋内が無酸素状態であるはずがありません。また運動強度に比例して酸素摂取量は上がっていきます。つまり酸素摂取量は運動強度を反映して、必要量が取り込まれていることになるので、酸素は足りていることになります。LTから血中乳酸濃度が上がることを無酸素運動だからとか、酸素が足りないからとして説明するのがおかしいのは明らかです。そんなことから、乳酸というのはいったい何だという興味が強くなり、さらに乳酸を中心に研究していくことになり、結局今まで続いてしまいました。

乳酸を考えることは糖を考えることです。マラソンは糖貯蔵量の少なさの影響が出る代表的な例です。講義や講演で、糖と乳酸の観点からマラソンのことにも触れる機会が出てきました。そこで自分でもロードレースの大会に出てみようかという気持ちも出てきて、30代終わりくらいから、ハーフマラソンに年に1~2回出るようになりました。そして40代後半になって、マラソンも出てみようかという気持ちになってきて、初めて出たのが河口湖マラソンでした。それから可能なら年1回マラソンに出ることを継続し、気がつくとこれまで12回走っています。といっても本当の意味でゴールまで完走できたのは2回だけで、あとは途中から歩いてゴールしています。ベスト記録も3時間49分台というレベルです。最近は5時間かかりながら、なんとかゴールまでたどり着こうというマラソンです。

数年前に心臓の不整脈手術を経験したこともあり、そろそろ厳しくなってきてはいますが、楽しくはやっています。

ということで私は、競技マラソンの具体的トレーニング方法について、ノウハウを持っているわけではありません。しかし乳酸や糖の代謝を中心とする研究から、私なりの考え方を確立してきていま す。そこで糖を中心とするマラソンの体内でのエネルギー源とその利用からの見方と、それをもとにしたトレーニングやマラソンの走り方についての考え方を提示しようというのが本書の意図です。もちろん本文に出てきたように、トレーニングに唯一絶対の正解はないのと同様に、科学的な説明でもいろいろな見方があります。通常、運動生理学というと酸素摂取から始まっているのに、本書では酸素摂取に関する記述がほとんどありません。これこそ私のオリジナリティといってよいと思いますが、この私の説明だけがマラソンでもありません。

本書は、私が大学院生の頃から存じ上げている、大修館書店の粟谷修さんのアイデアによるといってよいものです。ご本人も市民ランナーであることから、初めからこのタイトルと内容でプランをいただきました。最初伺ったときには、前述のようなことで躊躇はありましたが、第1章と第2章の、エネルギー代謝とトレーニングの科学的なメカニズムを書くのはできるかなと思いました。しかし第3章と第4章は、直接的な科学データは多くはないし、やはりあまり書く気にはならなかったのが率直のところです。でもたまたま自分自身がマラソンに出る機会と、2つの章を書こうとする時期が一致したことから、そのときの勢いで大枠を書いてみました。できあがってみると、後半の2章分は体験談を交えた科学エッセイのようになってしまったとも思います。でも学術的な前半の2章よりもとっつきやすいともいえるでしょうし、これはこれでよいのかもしれません。最初から粟谷さんの要求がなかなかきつくて（?）、できあがるまで時間がかかってしまいましたが、通常の学術本とは異なる楽しい経験でもありました。本書で図と共に紹介した実験結果は、基本的には私の研究室でのものです。またよくサラブレッドの研究結果について出てきますが、これはＪＲＡ競走馬総合研究所との共同研究によるものです。

本書の内容がマラソンを走る方の少しでも参考になれば、です。

終わりに、以下の方々だけでなく、書ききれない多くの方々に感謝します（敬称略）。
八田研究室関係者…松永裕、竹井尚也、高橋謙也、竹村藍、柿木克之、平松竜司／八田研院生…渡邉拓也、王文昕、坂口諒、新屋輝長、吉田拓生、高島良平、児山祥／八田研卒業生…増田紘之、星野太佑、北岡祐、田村優樹、高橋祐美子、近藤秀一、山田純平／寺田新研究室／東京大学陸上運動部および卒業生／日本中央競馬会競走馬総合研究所／大修館書店…粟谷修、内藤千晶

２０２１年６月

八田秀雄

スピード練習……97
赤血球……122
速筋線維……32,75,76,82,83,84,87,97,104,119,129,130,165,169,170
足底筋……119

タ

体幹トレーニング……106
体脂肪量……99
体水分量……70
太腿……74,113,163,171
タウリン……117
脱水症状……69,70,147
タンパク質……67,114,176
タンパク質合成……106,117
鍛錬期……125
遅筋線維……32,75,79,83,90,104,119,129,165,169,170
窒素……67
超回復……127
調整期……125
貯蔵糖……19,116
低酸素環境……110
低酸素トレーニング……108,112
低糖期……138
東京マラソン……66,174
糖新生……68
糖貯蔵量……102,133,142
糖分解……31,58,109,111
糖分解抑制……110
豊臣秀吉……51
トレーニング効果……81,84,87,90,95,97,103,106,110,112,114,118,122,127,129
トレーニング時間……89
トレーニングの3要素……78

ナ

ナトリウム……47
乳酸……29,30,32,38,44,45,58,61,63,70,84,87,89,90,109,110,113,117,169
乳酸閾値……39
乳酸性作業閾値……39
乳酸パラドックス……109
尿素……67
熱中症……71,107

ハ

ハーフマラソン……61,64,82,154
白色脂肪細胞……35
箱根駅伝……65
膝関節……172
BCAA……117,118,176
ビタミンB_1……121
ピッチ……166
ヒラメ筋……119
ピルビン酸……29
疲労……44,45,46,47,131
頻度……78,95,100
ふくらはぎ……171
ブドウ糖……19
分岐鎖アミノ酸……116
ベージュ化……35
ペース設定……48
ペースメーカー……59,66,156
ヘモグロビン……108

マ

マクアードル症候群……46
マグネシウム……167
マネジメント……2
ミトコンドリア……5,29,30,31,32,35,58,79,81,84,85,89,90,93,94,95,97,98,99,103,107,113,114,119,127
ミトコンドリア酵素活性……104
無酸素運動……9,29,30
毛細血管……69,81,168

ヤ

遊離脂肪酸……93,95

ラ

ランナーズハイ……42
リン酸……3,47
レースペース……130

索引

ア

アデノシン三リン酸……3
アドレナリン……42,62,128
アミノ酸……68,116,119,176
インスリン……145
運動強度……12,31,36,40,82,92
運動継続時間……92
運動時間……12,92
ATP……3,35
エネルギー消費量……9,52,99,114,160
LT（エルティー）……40,42,48,55,78,82,85,89,92,99,169
オーバートレーニング……97,109,128
OBLA（オブラ）……49

カ

快調……42,79,98
褐色脂肪細胞……35
活性酸素……47,126,166
果糖……18,146
カリウム……44,47,166,167
カルシウム……25,47,50,168
肝グリコーゲン……133,143
競歩……171
筋温……126,148,150
筋グリコーゲン……133,168
筋原線維……6
筋収縮……6,25,44,45,166
筋小胞体……6,26,50
筋線維……25,79,82,84
筋損傷……101
筋力トレーニング……101,105,106,118
グリコーゲン……18-19,23-28,31-33,46,51-52,55-57,69,115-117,133-136,138-140,146,152,165-166,169-173,177
グリコーゲン合成……116-117
グリコーゲンローディング……57,132-,142-
グルコース……18
血液循環……106
血中グルコース濃度……19
血中脂肪酸濃度……152
血中乳酸濃度……38,40,44,62,63,90,110
血中遊離脂肪酸……96
血糖値……19,22,50,63,68,143,145
血糖低下作用……145
ケトン体……117
高強度インターバルトレーニング……87,112
高強度運動……45
高所トレーニング……97,108
酵素……72,81
酵素タンパク質……72
高糖期……138
股関節……170,172

サ

最大酸素摂取量……81,86
最大心拍数……76
最大能力……75,86
坂道トレーニング……113
サプリメント……69,118,122,131
酸化能力……79
30km走……93,98
30kmの壁……10,49,54-57,62,93,168
酸素摂取能力……76
酸素摂取量……8,52
持久的トレーニング……95,101,106,118
脂肪……5,12,33,34,36,81,115,143,152
脂肪細胞……34
脂肪酸……33,93
脂肪滴……35
脂肪利用能力……49,55,85,93
主観的運動強度……40
ジョグ……37,104,129
伸張性収縮……74,126,158,166,171
心肺機能……81,86
心拍数……9,72,76,87
水分補給……71,72,159,163
ストライド……166
スパート……59,84,157

［著者紹介］

八田秀雄（はった　ひでお）

1959年東京都生まれ。東京大学教育学部体育学健康教育学科卒業、同大学院修了。博士（教育学）。現在、東京大学大学院総合文化研究科身体運動科学研究室・教授。

著書として、『運動と疲労の科学―疲労を理解する新たな視点』（編者）『乳酸を使いこなすランニング』（以上、大修館書店）、『乳酸を活かしたスポーツトレーニング』『エネルギー代謝を活かしたスポーツトレーニング』『乳酸―「運動」「疲労」「健康」との関係は?』（以上、講談社サイエンティフィク）、『乳酸をどう活かすか』（編者／杏林書院）、『乳酸と運動生理学・生化学―エネルギー代謝の仕組み』『乳酸サイエンス―エネルギー代謝と運動生理学』（市村出版）など。

マラソンのエネルギーマネジメント――少《すく》ない糖《とう》をうまく使《つか》うために

NDC782／viii, 183p／19cm

初版第1刷――2021年9月1日

著　者――――――八田秀雄《はったひでお》
発行者――――――鈴木一行
発行所――――――株式会社 大修館書店
〒113-8541 東京都文京区湯島2-1-1
電話03-3868-2651（販売部） 03-3868-2297（編集部）
振替00190-7-40504
［出版情報］https://www.taishukan.co.jp

装丁・本文デザイン―――中西啓一
カバー・扉イラスト―――落合恵子
組版――――――プリ・テック㈱
印刷――――――プリ・テック㈱
製本――――――ブロケード

ISBN978-4-469-26916-1　Printed in Japan